鎌倉に住む500人が選ぶ

とっておきの鎌倉《kamakura》100

鎌倉地元民の会 編

毎日新聞社

鎌倉に住む500人が選ぶ　とっておきの鎌倉100　目次

第一章　いつも行くお店

今、愛されている飲食店

朝・昼食の行きつけ①

ほっと憩う店

甘味よし、しかもそれだけではない
食品や雑貨、日常の名店

第二章　私的な年中行事

たくさんのイベント

第三章　古都の裏わざ

裏わざはあるか？

第四章　珠玉の鎌倉

こころを洗う場所

眺望のナンバーワン

はじめに

住んでいる人間としては不思議に思うのだが、近所に新しい店ができると、それがどんな店であれ、すぐにテレビや雑誌で紹介されてしまう。それが、鎌倉というところだ。愛すべき日常の店であったはずなのに、ある日突然、何か特別な店として報道されている。よく訪れていた飲食店に、予約をしなければ入れなくなる。その店と、自分の鑑識眼が認められたわけだから、きっと喜ぶべきなのだろう。

確かに、鎌倉にはさまざまな魅力があると思う。よいところばかりではもちろんないが、海や山に囲まれた自然環境は豊かだし、人との密なつながりがまだ残っている。のんびり過ごそうと、都心から転居してくる若い方々も多い。子育てをするのに、向いている町ではないだろうか。

ただ、最近、町はあまりに混んでいる。鎌倉市を訪れる観光客が、年々増え続けているからだ。初詣客を中心に年間９５０万人が参拝する鶴岡八幡宮、５２０万人が訪れる鎌倉五山を中心とした神社仏閣、２５０万人がやってくる材木座や由比ヶ浜などの海岸、47万人が登る天園などの多彩なハイキングコース、町が年中無休で混んでいるのは当たり前だ。

今回、私たちは鎌倉市民を対象に、アンケート調査を行った。どんな店が好きなのか、ナンバーワンの場所はどこか、混雑を回避する生活の知恵は何か、年中行事にしていることは？といったことを聞いてみた。鎌倉生活の質を上げる本物の情報を得るための本、「地元民の、地元民による、地元民のためのガイドブック」を作るために。

お忙しい地元の方々５００人に、「教えたくないことを教えてください」という無体なお願いをした。皆さん、嫌々ながら、ある程度は本音を吐露していただけたと思う。

その代わり、店などの詳細情報や地図は掲載しなかった。本当に行きたいと思われたなら、どうかご自分の足で確かめていただきたい。鎌倉を本当に愛している人や、これから鎌倉に住もうと考えている人たちへのメッセージを込めた本にしたかった。もちろん、鎌倉に興味のある人なら、どんな人でも歓迎だ。

鎌倉地元民の会

二〇一一年三月

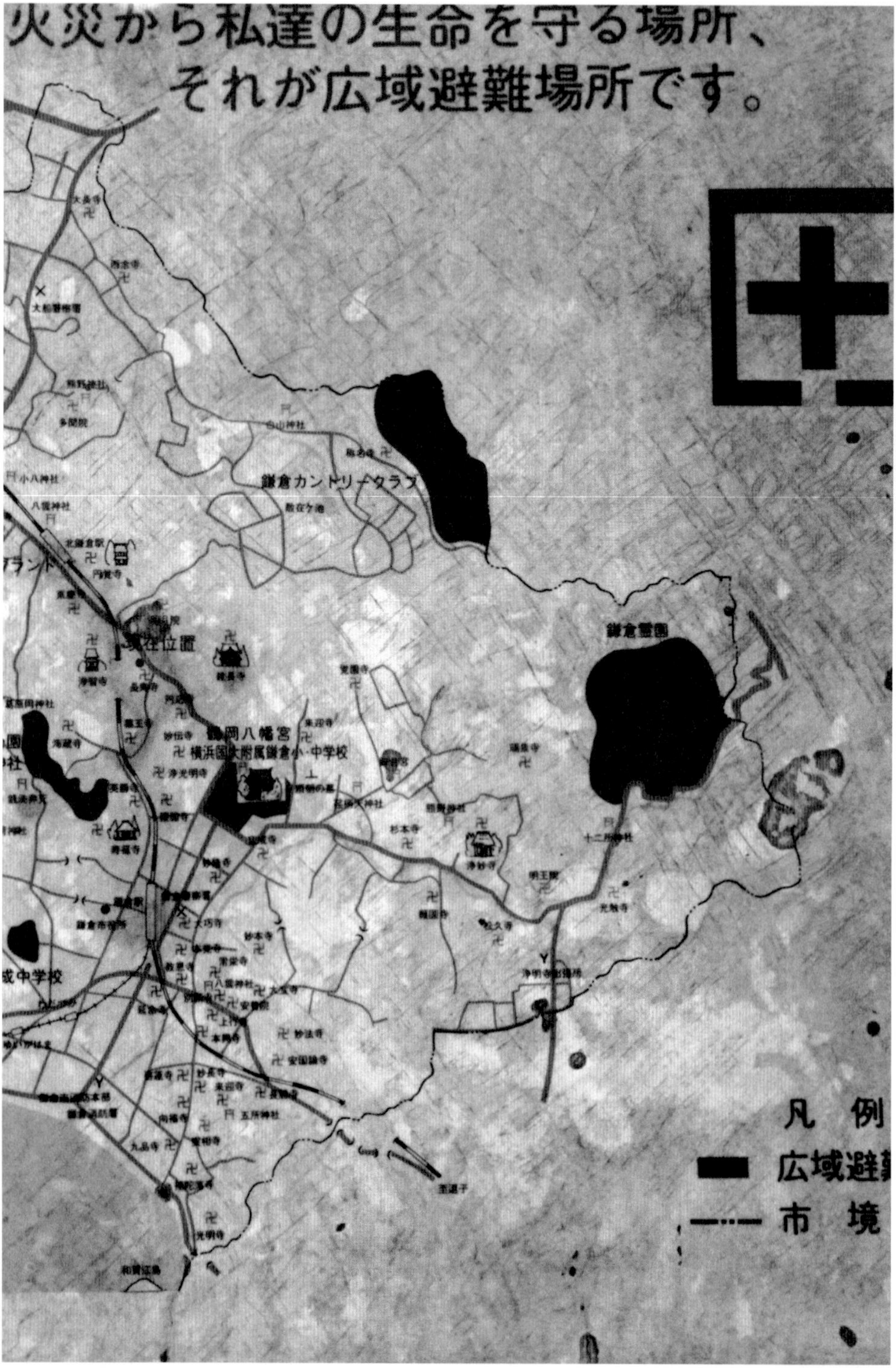
火災から私達の生命を守る場所、
それが広域避難場所です。
鎌倉カントリークラブ
鎌倉霊園
現在位置
鶴岡八幡宮
横浜国大附属鎌倉小・中学校
凡例
広域避難
市境

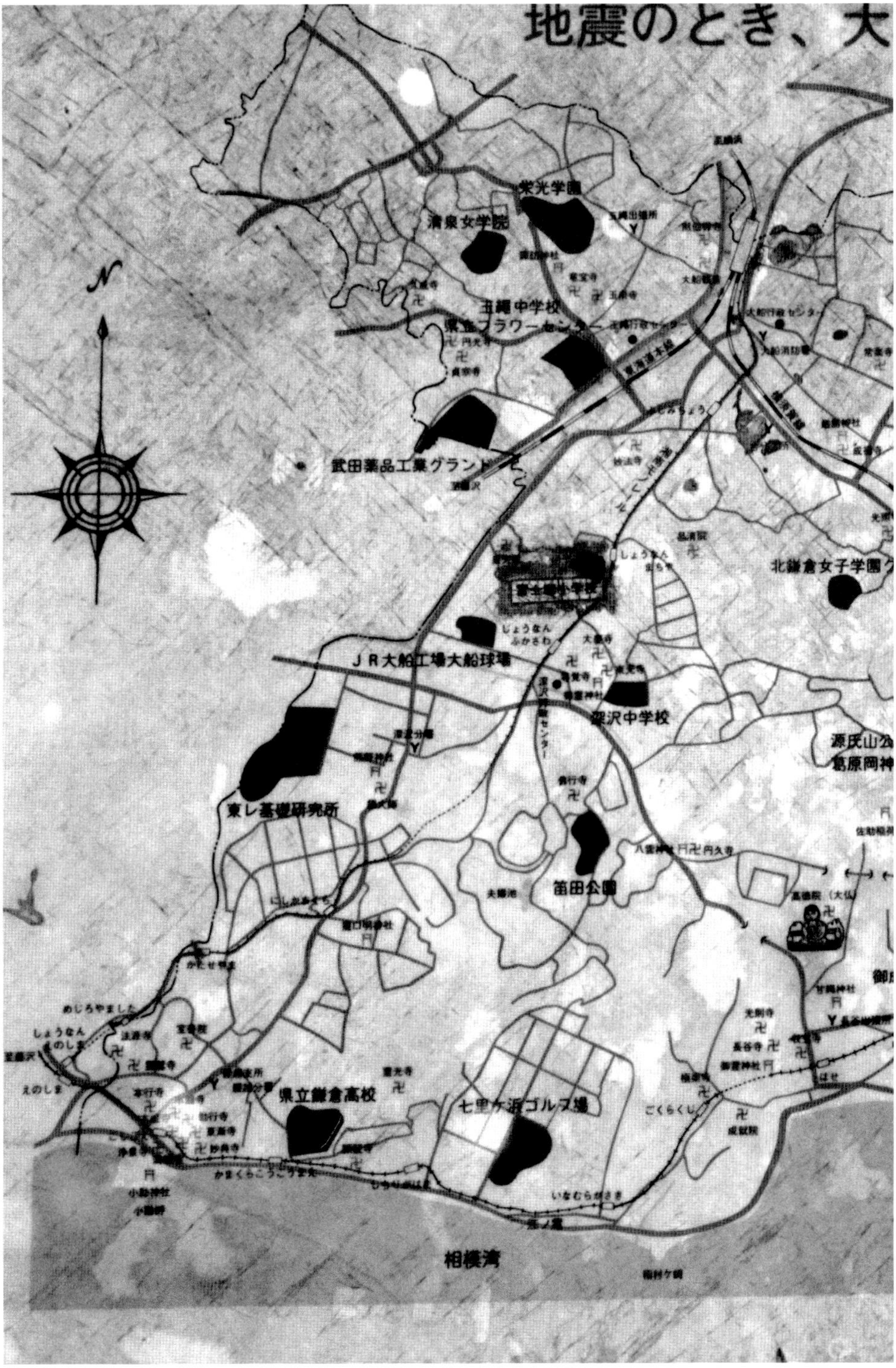

地震のとき、大
栄光学園
清泉女学院
玉縄中学校
武田薬品工業グランド
北鎌倉女子学園グ
JR大船工場大船球場
深沢中学校
源氏山公
葛原岡神
東レ基礎研究所
笛田公園
県立鎌倉高校
七里ケ浜ゴルフ場
相模湾

第一章　いつも行くお店

今、愛されている飲食店

鎌倉はもともと、地の食材に恵まれた土地だ。

相模湾や東京湾の魚介類、鎌倉近郊の農家が生産する野菜が流入し、地元で当たり前のように消費されてきた。神奈川県全域まで範囲を広げれば、地の食材の種類はさらに広がる。さまざまな意味で食にこだわる住人も多く、安い・新鮮・美味・安全など、それぞれの分野で上等な飲食店には事欠かない。

近郊の農産物が鎌倉野菜と呼ばれるようになり、その新鮮さが受けていつの間にかブランド化すると、若い和洋の料理人がやってきて次々と新しい店を始めるようになった。今もその流れは変わっていない。ガイドブックなどで紹介するに足る、飲食店には不自由しないようだ。

『ミシュランガイド東京・横浜・鎌倉　２０１１』では、鎌倉市内の10店が一つ星を獲得した。地元のアンケートでも、ミシュラン組の、寿司「以ず美」（長谷）、日本料理の「田茂戸」（坂ノ下）と「米倉」（二階堂）、うなぎ「つるや」（由比ガ浜）、フランス料理「ミッシェル ナカジマ」（常磐）に多くの票が入っていた。

が、地の人間にとって食の店は、味だけでなく使いやすさや居心地も大切だ。ぶらっと行ける普段着の店こそ実は、他人に教えたくなかったりする。

ここではあらゆる意味で今、愛されている飲食店を挙げてみた。

朝・昼食の行きつけ①

町の渋滞を避けたい住民は、朝が早い。
駅近くの野菜市場も、早朝からにぎわう。
ここ数年、新しいパン屋もずいぶん増えた。
鎌倉でもっとも充実しているのは、
朝、昼食用の店だ。
その選りすぐりを紹介する。

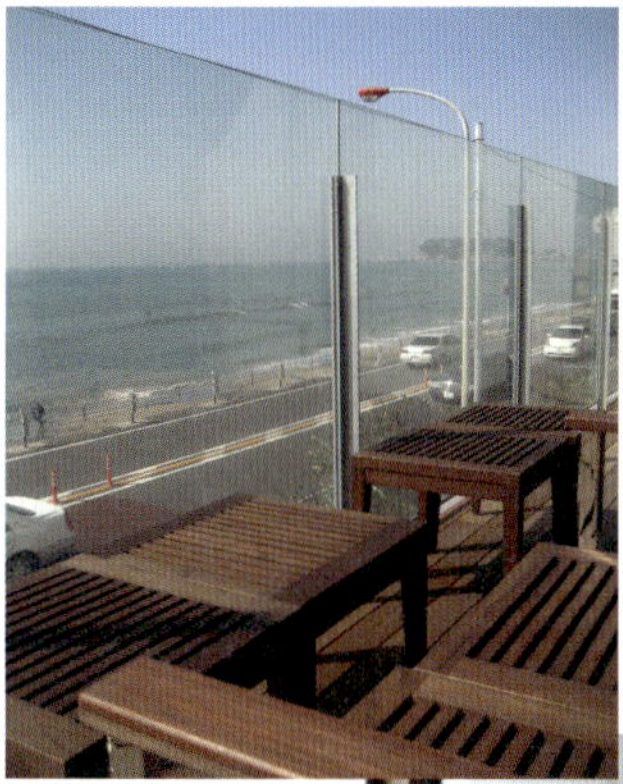

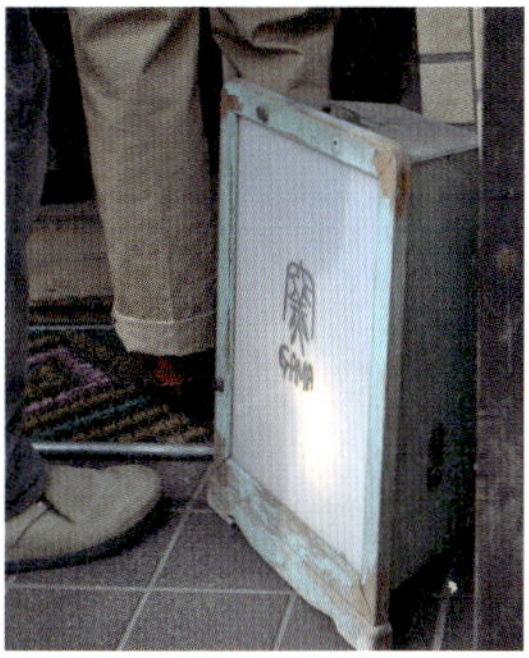

コバカバ

もとは小林カバン店だったところで、オーナー家族が始めた食堂。栄養のバランスを考え、野菜をたっぷり使った家庭のご飯がテーマだ。日替わりと月替わりの定食メニュー2種類を昼から夜まで提供してきたが、昨年10月から朝ごはんも始まった。

「うちはレンバイ（鎌倉市農協連即売所）のすぐ近く。海に行って、市場をのぞいて、ここで朝ごはんを食べる、という鎌倉の朝を楽しむスタイルができたらいいなと思って始めました」と、店主の内堀敬介さん。

店内ではBGMで流しているCDや、地元アーティストの雑貨などを販売。これも毎日を楽しく過ごす方法を提案したいという思いから。時には店頭でフリーマーケットを開催。人々が楽しく集まる場所に進化しつつある。

「家の料理のようなほどよい味と量で飽きない。お値段も安心。昼食のメニューも充実しています」などの票を獲得。
写真右は朝ごはん。湘南の卵を使った目玉焼き定食600円に、納豆と今日の小鉢（各＋100円）を追加。そのほか卵かけごはんも人気。味噌汁で使っている自家製味噌は販売もしている。750グラム735円。
[利用する場合の注意]
若宮大路沿いのレンバイのすぐそば。朝は8時から、昼は11時から。土日祝のみ夜も17時から営業。

bills

オーストラリアのシドニーで高い人気を誇るレストラン、billsの海外1号店は2008年、七里ヶ浜にオープンした。

レストランター、ビル・グレンジャーの新鮮な素材を生かしたレシピと、シンプルな盛りつけが魅力で、朝食は世界一おいしいという評価を世界中の食通から獲得している。

七里ヶ浜の店舗は彼が長年憧れていたビーチサイドという立地で、眼下の海を眺めながら食事ができ心地よい。朝8時から食べられるスクランブルエッグやリコッタパンケーキも評判どおりおいしく、ゆったりと朝の時間を過ごすには最適な空間だ。

週末になると、朝から夜まで訪れる人が絶えず、待つことは必至。ディナーはウェブサイトで予約ができるのでお薦め。

「世界一おいしいといわれる朝食を、たびたび味わいに行きます。人気店で待つこともありますが、砂浜でのんびり過ごします」
「観光客向けかと思っていたら、おいしいのでびっくり」などの票を獲得。

写真左はオーガニックスクランブルエッグ（1200円）。右はリコッタパンケーキ（1400円）。

［利用する場合の注意］
江ノ島鎌倉電鉄の七里ヶ浜駅近く。海へ向かって歩く。朝は8時から。不定休。

谷口屋

大正3年に創業した老舗の米店で、自慢のおいしいごはんを握ったおにぎりを販売している。新潟産コシヒカリを使うため、米そのものの味のよさは言うまでもないが、特筆すべきは絶妙な米の炊き加減だ。米マイスターの資格をもつ店主夫婦が、米の個性やその日の気候を考慮しながら、慎重に水を加減して炊く。おにぎり用は、やや硬めに炊くのが鉄則。そのため、ごはんはひと粒ひと粒が立っていて、噛むと甘みがふわりと広がる。

具材は常時20種類以上。さけやたらこ、おかかといった定番から、牛しぐれやうなぎなど、少し贅沢なものまで並ぶ。昼食用に持ち帰る地元の人から、ハイキングやお稽古帰りに店内のテーブル席でほおばるグループ客まで、訪れる人はさまざまだ。

「夏はかき氷、冬はおしるこ、四季を通じてみつ豆、ジュースなどもあります」「山歩きをする時に利用する。玄米おにぎりもお薦め」などの票を獲得。
味噌汁と漬け物が付いた、イートイン用のおにぎりセット630円。おにぎりを3個にする場合は735円。一番人気の具材は「さけ」。店で塩加減をしてこんがりと焼き上げた切り身がぎっしり。
[利用する場合の注意]
小町大路の本覚寺門前にある。10時30分から。木・第三金休。

窯 GAMA

土曜日の昼、開店前の店外にはすでに数人が待っていた。店が開くと、人はさらに増え、1時間もすると半分のパンがなくなっていた。もとは大阪の山奥で、石窯でパンを焼き、販売。そこで6年半店を続けた後、2008年の夏にここに移転した。

GAMAのパンは、記憶にいつまでも留まって、また無性に食べたくなる。牛乳とバターをたっぷり使った薄くて長い食パンや、ショコラカンパーニュなど特徴のあるパンも多いが、心に残る味の秘密はていねいな仕事にあるのだろう。パンの種類によっては生地の発酵に2日もかけ、時間も手間も惜しまない。

普段はごはん党という常連も多い。酒のつまみになるパンを探しにやってくるのだ。それはGAMAの目指す食べ方でもある。

「外を通るだけでハーブやオリーブ油の香りが漂って、ついつい入ってしまう」「自家製の天然酵母を使ったパンで有名です。店内では世界各地のレアビールを飲むこともできます」などの票を獲得。写真中央は、GAMAの食パンプレーン480円。卵や牛乳は入っていないので、小さい子供でも安心。地方発送も可。

[利用する場合の注意]
JR鎌倉駅から京浜急行バスJR逗子駅行に乗り、九品寺下車。海へ向かい数十歩右手。12時30分ごろから。月・火・木休。

おかむら

鎌倉ではなく、逗子にある手打蕎麦屋だが、今回かなりの票を獲得した。派手さや気負いはないが、蕎麦や出汁から本物の心配りを感じる。飲食店を紹介するブログでも、神奈川を代表する名店として紹介されていた。

蕎麦打ち名人といわれる高橋邦弘氏に出会い、衝撃を受けた店主が、脱サラして〝五十の手習い〟で始めた店だ。高橋氏の直弟子の元で修業し、2004年に地元の逗子市で開店。蕎麦の実も出汁の材料（例えばかつおは本枯節）も、高橋氏と同レベルを保っている。

蕎麦は淡い穀物の香りと、つるりとしたのどごしが特徴の二八蕎麦だ。毎朝、店の石臼で挽いた新鮮な蕎麦粉で打つ。香りやこしを楽しむなら「ざる」だが、田舎蕎麦の「かけ」もお薦め。一品料理も充実している。

「出汁がていねいな味です。ざるで食べる二八そばはくせがなく、腰が強い。もう少し量が多いと、なおうれしいのですが」「天ぷらはボリュームがある。天つゆのほか、塩の皿も付いてくる。そば湯が濃厚で、私の好み」などの票を獲得。

写真右は平日限定のかき揚げ天ざるそば（1500円）。店主は岡村盛典さん。

［利用する場合の注意］

JR逗子駅から京浜急行バス葉桜行に乗り、才戸坂上で下車してすぐ。昼は11時30分から。火・水休。

ほっと憩う店

筋金入りの観光地だから、
一休みする店には不自由しない。
新しい店もどんどんできる。
ただ、ここに紹介する店はいずれも、
ゆっくりとくつろげる
気持ちのよい店ばかりだ。

カフェテラス樹ガーデン

大仏ハイキングコースを歩いていると、樹ガーデンを示す木の看板に出合う。誘われるまま店へと続く小道を進むと、ぱっと視界が開けて、れんが造りのテラス席が目の前に広がる。まるで天空に浮かぶ庭のようだ。

もとは別荘だったが、散策中に困った人が訪ねてくることが多かったため、別荘の主人がささやかなカフェテラスとして開放した。

週末を利用して、オーナーとスタッフでれんがを少しずつ積み上げて造ったテラスは、現在の形になるまでに10年以上を要した。時には、来店する人がれんが運びを手伝うこともあったとか。

山の木々に包まれたテラス席に座ると、野鳥がさえずり、風の音や草花の息吹をごく身近に感じられる。心が洗われていく。

「山の傾斜に沿って建つれんが造りの建物は、空中庭園のように周囲の緑と調和している。バーベキューもできる」「新緑の頃、訪れるのを年中行事にしています」などの票を獲得。
土日は簡単なフードメニューの用意があり、平日はパイとドリンクが中心。
[利用する場合の注意]
大仏ハイキングコースの途中。JR鎌倉駅西口から、市役所通りを長谷大谷戸方向へ直進した先から上がることもできる。11時から。悪天候の日など不定休。

ミミロータス

鎌倉では数少ない紅茶の専門店。オーナーの吉池浩美さんは、紅茶専門家の磯淵猛さんが営む藤沢の「ディンブラ」で10年ほど修行し、ここに自分の店を開いた。

スリランカから直輸入する茶葉は、ウバやディンブラなど常時6種類。現地から年に2～3回は届くため、新鮮な茶葉が楽しめる。カフェではブラックティーのほか、ミルクティーやチャイ、ハーブなどを加えたブレンドティーと様々な飲み方を提案。ポットサービスなので、カップ2～3杯分たっぷりある。

ティーフードの定番であるスコーンも人気で、吉池さんが毎朝手ごねで作る。他にも、野菜スープや焼きたてワッフルなど手作りフードも好評で、お茶だけでなくランチ目当てに訪れる人も多い。

「スタッフの方がとても親切で居心地がいい。紅茶を丁寧に入れてもらえるのがうれしい」などの票を獲得。
スコーンとミルクティーのセット900円。上はブルーベリー＆クランベリー。プレーンやかぼちゃなど、スコーンは6種から選ぶ。ミルクティーはティンブラがベースの茶葉。ブラックティーは500円。
［利用する場合の注意］
JR鎌倉駅から若宮大路に出て、海岸方面へ。JRの高架をくぐり、下馬交差点手前のビル2階。10時から。木休。

COPEPE

コペペと読む。「なるほど！ザ・ワールド」やグルメ番組のリポーターで有名な迫文代さんが長年の夢を叶え、1年前に開いた店だ。

　さまざまな土地を訪れた経験を生かし、自らが納得できる味を紹介する。看板のサラダカレーは、迫さんが惚れ込んだ銀座の老舗カレー店で、自ら修行をして習得した味だ。スパイシーでコクのあるルーをサニーレタスなど葉もの野菜をのせたライスにかける、というのが迫さんのアイデア。サラダの食感がよく、辛みをほどよく和らげてくれる。

　また、ここは居心地の良さも大きな魅力。訪ねた時も女性グループがゆったりと集まっていた。店内の大きな窓は、暖かくなると開け放しに。さわやかな風が通り抜け、桜や新緑、川の流れを見下ろしながらくつろげる。

「知る人ぞ知る超穴場といった店。前回はランチで訪れたが雰囲気が良かったので、今度は喫茶で利用したい」
「落ち着けてリーズナブル。カレーとコーヒー、フレッシュジュースを頼んで1300円だった」などの票を獲得。

写真右はサラダカレー８５０円（サラダ付き）に１００円の温泉卵をトッピング。
[利用する場合の注意]
JR鎌倉駅から若宮大路を海の方へ。JRのガード手前で左斜め前へ進み、すぐ左手の路地へ入る。11時から。不定休。

カフェ鎌倉美学

日中は女性グループがのんびりランチやお茶を楽しむカフェであり、夜はひとりで気軽に立ち寄れるスペイン風のバール、週末はジャズライブや鎌倉FMの公開放送のイベント会場にもなる。実に多彩な顔をもつ店で、オーナーのアルバレス湊万智子さんは「コミュニケーションカフェ」と呼ぶ。

「お客さん同士が知り合って、新しいコミュニケーションの輪が生まれる場所にしたいです。雑談から新イベントのアイディアが生まれることもあります」と、アルバレスさん。

また、日中からコーヒーやお茶ばかりでなく、ワインを楽しむのも美学流。ワインはヨーロッパや南米のオーガニックワインを集め、スパークリングもグラスで提供。気軽に飲み比べられると好評だ。

「バルセロナの赤が基調のお店。子育てママがランチに集う。スペイン、タパス料理も気軽に楽しめる」などの票を獲得。写真はスペイン産の生ハムやオムレツ、ペルーのポテトサラダなど。夜は4～5種類のタパス盛り合わせを1500円で提供。ランチはミックスプレートランチ800円、美学カレー700円など。

［利用する場合の注意］
JR鎌倉駅西口から御成通りへ。最初の十字路を右折してすぐ。ランチ11時30分、バー18時から。土日祝は途中休憩なし。

カフェ ロンディーノ

1967年創業の老舗だ。店主の沖喜《おきぎ》保治さんが、余計な蘊蓄《うんちく》はなしの、ただおいしいコーヒーを出したいという思いで始めた。一杯だてのサイフォンでコーヒーをいれるような店は、当時周囲になかったそうだ。

以来四十余年、店は広くなったが、メニューはほとんど変わらない。単純によいと思うものを供し、そのスタイルを変えていない。

例えば、スパゲッティは昔ながらのナポリタン風。店主は稲村ガ崎で本格イタリアン「タベルナ ロンディーノ」も経営しているが、カフェではあえて日本的な「ケチャップまみれのスパゲッティ」を提供している。「アルデンテって?」という感じの麺だが、ケチャップが際立つわけでもなく、コーヒー同様、素朴においしい。腹いっぱい食べて幸せに。

「値段や雰囲気、あらゆる意味でまったく気取りのない店。ひとりで来ている地元民も多い。サイフォンで一杯ずついれてくれるコーヒーは、ほっとする味」「私はここのハンバーグライスが好き。コーヒー付きで750円」などの票を獲得。

写真右がスパゲッティツナトマト650円（飲み物付き）。
[利用する場合の注意]
JR鎌倉駅西口から御成通りへ入り、すぐの左手。江ノ電鎌倉駅のホームが裏手にある。朝7時から。無休。

他にもある憩う店

アンケートには、他にも多くの憩いの店が挙げられていた。**スターバックスコーヒー鎌倉御成町店**は、実は喫茶店部門で、もっとも多くの票を集めた。「フクちゃん」で知られる漫画家の横山隆一氏の邸宅跡地に建てられ、桜の木や藤棚、プールがそのまま残されている。ペットとともに、プール脇のテーブルでくつろぐ人は多い。

犬づれの店としては、**フレッシュネスバーガー鎌倉由比ガ浜店**も人気だ。江ノ電の踏切脇に建つ**GREEN GLOBE GARDEN**の2階オープンテラスも、犬づれOK。この店は小さい子供を持つ人たちの憩いの場でもある。ほどよい間隔で走る江ノ電を見下ろすことができるので、「子供が退屈せず、親はちょっとだけゆっくりできる」から。長谷にある**Cafe CHA-CA**も忙しい親たちに人気、できたてのワッフルとアイスクリームがお薦めだそう。

こじんまりしたアットホームなカフェも、数多く挙がった。明月院そばの**石かわ珈琲**と**笛**、妙本寺そばの**cafe 4ha**、絵柄天神そばの**トムネコゴ**、浄妙寺そばの**cafe R00M-16**などに票が集まった。

北鎌倉の**GALLERY NEST**や**喫茶ミンカ**、海沿いに建つ**Daisy's Cafe**や**ファーストキッチン七里ヶ浜店**は、眺めのよさで人気が高い。

朝・昼食の行きつけ ②

本格イタリアンや、老舗の和食屋さん、夜は敷居が高くても、昼なら心置きなく楽しめる店もある。

朝・昼食店（店によっては夜も）の選りすぐり第二弾。

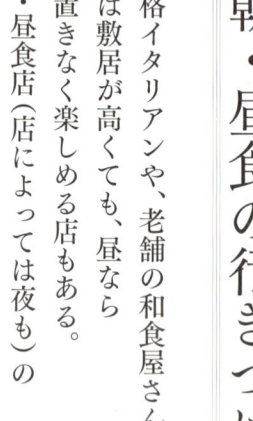

家のごはん

「うちのごはん」と読む。初めて訪れた時、めだいの塩焼きには驚かされた。皮はカリッと焼き上がり、身はふっくらとしている。脂ののりも絶妙。すぐに皮まで完食した。

新逗子駅からすぐの住宅街の中に店を構えて5年。夫婦2人で切り盛りする、食事と酒をゆっくり楽しむ場所だ。わが家に遊びに来たような感覚で、くつろげる場所を目指す。

料理の味は、吟味した食材を使うことが大切とご主人。魚は鎌倉にある天然魚のみを扱う魚屋から、野菜は契約農家からの野菜を中心に揃えている三浦の八百屋から仕入れる。

昼は数種類の定食を用意。夜は日替わりの内容で、刺身や揚げ物、麻婆豆腐、寒い季節にはおでんやポトフと多様な家庭料理が並ぶ。

遠くからでも訪ねたい、お薦めの店だ。

「カウンターのなかに、店の暖簾と同じお釜が鎮座しています。うちの4歳の娘は、あまりのごはんのおいしさに、恥ずかしいほどの食べっぷり」などの票を獲得。写真は昼の定食で、おかずはあじの干物。そのほか豚ロースや季節の焼き魚などから選べる。昼の定食は780円から。

[利用する場合の注意]
JR逗子駅から京急新逗子駅南口方面へ歩く。市役所と興和地所の前を過ぎ、一つ目の路地を右へ、さらに一つ目の路地を左へ。昼11時30分、夜17時30分。月休。

KIBIYAベーカリー

御成通りから細い路地を入ったところにある小さな店だが、訪れる人は絶えない。

KIBIYAのパンの始まりは、1948年創業の鎌倉の老舗ベーカリー「タカラヤ」にある。タカラヤの二代目が自家製の天然酵母で焼いていたパンの味をそのまま引き継ぐ形で、オープンした。そのため、タカラヤ時代からの長いファンも多い。

パンの素材には、バターや卵などは使わず、天然酵母と、小麦やライ麦などの粉類、天塩、ミネラル水のみ。高温でしっかり焼く。香ばしさと、噛みしめるほどに広がる凝縮した粉のうまみが魅力だ。

2階はわずか10席のビストロ「テロワール ア キビヤ」。KIBIYAのパンと、フランス家庭料理を味わえ、こちらも評判だ。

「バゲットやクルミパンはわが家の朝食の定番です」

「2階は隠れ家的ビストロ。シェフが一人でサービスと調理を担当していて、レンバイの野菜を使った鎌倉フレンチが美味」などの票を獲得。

写真は右から、チョコパン170円、バゲット300円、クルミパン280円。

[利用する場合の注意]

御成通りをしばらく歩き、ホテル手前の路地を左へ。10時から。水休。テロワールは昼11時30分、夜17時30分。水・木休。

石窯ガーデンテラス

鎌倉五山の名刹、浄妙寺の境内にあるカフェレストラン。本堂の脇を抜け、坂道を高台へ上がると、古い洋館が見えてくる。大正11年築の洋館を改装して、店舗にした。

天気のよい日なら、オープンデッキのテラス席が心地いい。ガーデンデザイナーのニコラスさんが荒れていた庭を、イングリッシュガーデンに仕立て、大切に手入れしている。梅や桜、藤の古木と、バラや種々の草花が共生し、季節ごとにさまざまな表情を見せる。

メニューの一番の目玉は名前が示すとおり、石窯で焼いた各種のパン。木の実などを練り込んで焼いたパンは、スープや鎌倉食材を使った料理ともよく合う。ほかにも、スコーンと紅茶のセットなどがあり、清々しい午前中に茶を喫するような利用法も人気だ。

「東京で働いている娘が帰省する度に、一緒に行くのが恒例になっています。お庭を眺めながらの昼食でリフレッシュ。冬は薪ストーブで館内はぽかぽか」などの票を獲得。

パンは店頭の売店でも販売。写真右は、石窯パンとメーン料理、スープ、コーヒーまたは紅茶がセットになったシェフのこだわり石窯パンコース2650円～。

[利用する場合の注意]

浄妙寺の境内にある。拝観料100円を支払って、お店に向かう。10時から。月休。

woof curry

2008年4月、由比ガ浜通りにカレーライスの店がオープンした。清潔感のある店内は決して広くはないが、吹き抜けと大きな窓がある二階席が、開放的な空間となっている。のんびりくつろぐ地元の人でにぎわう。

店主は、吉祥寺の有名店、「まめ蔵」で修業をした。その味を受け継いだカレーは、スパイスが利いたというより、家庭の煮込み料理の延長線上にある。誰でも取りつきやすいこく深い味わいで、カレー激戦区の鎌倉にあって、早くも人気店になった。

今後はまめ蔵の味を守りつつ、オリジナリティーをじわりと発揮していきたいという。八幡宮そばの珈琲店Lifeの店主と組んで、お互いの店で一日限りの限定メニューを供するなど、実験的な営業も行っている。

「ルーがまろやかで、辛さが苦手なうちの子供の大好物。量もちょうどよい。私は香り高いキノコカレー（900円）が好み」「タッパーを持って行けば、ルーだけを買って持ち帰ることができる」などの票を獲得。

写真中央はビーフ、野菜、ゆで卵と具だくさんのスペシャルカレー1100円。

[利用する場合の注意]
江ノ電由比ケ浜駅から鎌倉文学館の方向へ。由比ガ浜通りを左へ曲がり、数十歩歩いた左手。11時から。水休。

天ぷら ひろみ

主人の佐藤正雄さんは、二代目だ。先代の父・寛治さん（母はみつさんで「ひろみ」）は戦前、東京の一流料亭で脇板を務める板前だった。戦後、鎌倉で天ぷら屋を出すと決めた時、周囲から「一年もてば町を逆立ちして歩いてやる」と言われたそうだ。天ぷら専門店は今も、東京以外にそう多くはない。

八坪半の先代の店には、鎌倉文士といわれる人たちが足しげく訪れるようになった。小林秀雄や小津安二郎が好んで食べたという天丼は、特撰丼として残されている。

亡くなった先代の遺言は、「味を落とすなよ」だったという。白身魚や穴子、いか、えび、季節の確かな素材を、一流の職人の手から味わう贅沢。昼のみ出される定食（天丼にもできる）なら、１８９０円だ。

「少し豪華にいきたい時とか、大事なお客さんを接待したい時に利用するお店」「油のよさがわかる。魚も野菜もさっくりおいしく、もたれない」などの票を獲得。写真は天ぷら10品が付く「かめ」(3675円)の一部。赤だし、漬け物付き。しめは白飯、天丼のどちらかを選べる。ひも状の天ぷらは、穴子を頼むと付いてくる中落ち。

[利用する場合の注意]

JR鎌倉駅から小町通りに入る。50メートルほど歩いた左手のビル2階。昼は11時30分から。月休。夜は要予約。

他にもある朝・昼飯店

背筋をぴんとのばした年配の女性がひとりで、それはおいしそうに食事をしている。昼、鎌倉の飲食店でよく見る風景だ。

朝、昼食の名店もまだまだある。浄明寺の田楽辻子のみち沿いにある日本料理店**こふく**は、観光客が少なく、落ち着いた雰囲気がよい。昼が中心の営業で新鮮な魚が美味。高くても2000円程度の料理は、手間のかかり方のわりに格安だと思う。昼食の日本料理店としては、北鎌倉の**口悦**も票を集めた。

鎌倉には蕎麦屋も多いが、なにしろ混んでいて有名店に入るにはかなりの忍耐が必要になってくる。行列をものともせず、本当に多くの票を集めたのは、鎌倉逗子ハイランド鎌倉側入り口近くにある**ちくあん**。ここは不便な立地にもかかわらず連日、地元民が列をなす。ごぼ天せいろなどが人気で、蕎麦も天ぷらもけちけちした量ではない。JR北鎌倉駅と大船駅の中間にある**手打ちそば鎌倉**も、美味で盛りがよいと評判だ。この蕎麦屋を、鎌倉でナンバーワン（店も場所も含めたすべてのジャンルのなかで）と書いた人もいた。

他の麺類では二階堂にある**うどん三昧　とく彦**、**ラーメンひら乃**、**らーめんHANABI**が手堅く票を集めた。新しいところでは、扇ガ谷の小さなラーメン店、**袈裟丸家**の評価が高い。九州出身の店主が開いた博多ラーメンの店で、夜遅くまで営業している。

夜の鎌倉飲食店

昼間は多くの人でにぎわう鎌倉だが、夜は本来の静けさを取り戻す。高いビルなどない土地だから、日が落ちたとたん小町通りでさえ薄暗い。が、観光客が去った後にこそ、住人たちの本当の楽しみがある。

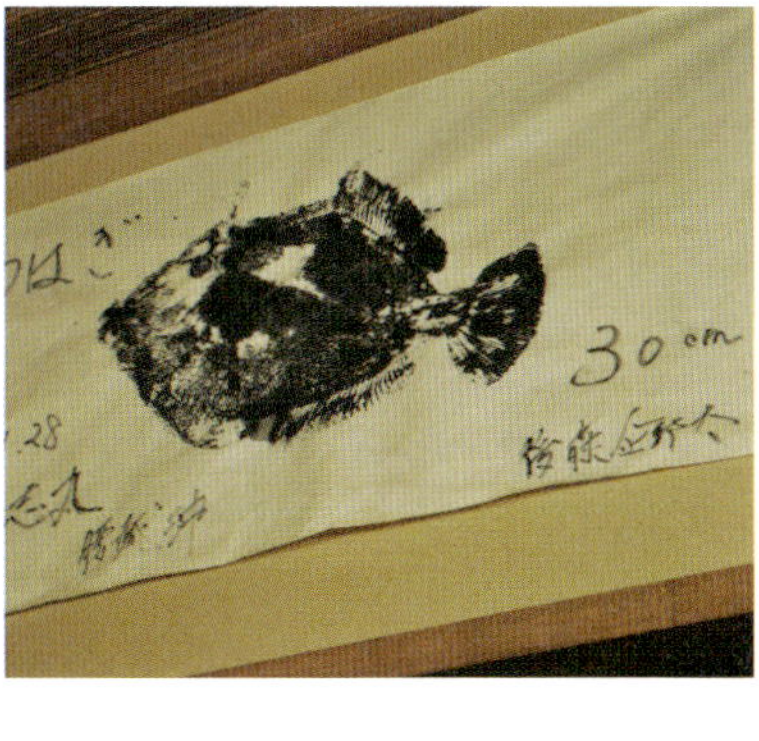

満月ワインバー

平日の18時前だというのに、狭い店内はその存在を知る人たちでいっぱいだ。グラス1000円程度のイタリアワインを楽しんでいた。早い時間からこれほど込み合うのには、わけがある。「満月ワインバー」は満月と、その前日の晩だけに開かれる店だから。

普段の昼間、この場所では持ち帰り専用の惣菜店「鎌倉惣菜」が営業している。オーナーは、有名イタリアンやフレンチで腕を磨いた阿部剛さん。以前は鎌倉文士が集う「パブ龍胆」という店のあった場所だったので、「店のコンセプトにあった自然派ワインの立ち飲みバーを満月の日にやろう」と始めた。

肴は真たらのベニエ、ギリシャのパスタなど（いずれも500円）。豆乳のラザニアなど、ベジタリアンも楽しめ料理もある。

「立ち飲みのせいか、周囲との会話が弾む。私が行った時は30代の若い方々が多かったです」
「ソムリエ役は長谷のワインバー、Beau Tempsの店主だったのですが、ぶどうの話が有意義でした」などの票を獲得。

写真中央はユベチ（ギリシャの米粒型パスタ）、右は豆乳のラザニア（５００円）。
[利用する場合の注意]
駅から小町通りへと進み、一本目の細い路地を右へ。すぐ右手にある。17時から。開店日はウェブサイトで確認。

喰う喰う

中華街の名店、聘珍樓などでキャリアを積んだ前川シェフが独立し、3年前に逗子に開いたチャイナダイニング。北京、四川、上海、広東と各料理の経験をもつため、店のメニューは、広東風のひな鶏の揚げ料理から、四川風の麻婆豆腐、上海風の酢豚まで幅広い。

また、常連客の間で楽しみになっているのが、大の釣り好きの店主が相模湾や東京湾で釣った魚介の料理。獲った分だけの限定メニューで、釣りに行く定休日明けの木曜日が狙い目だ。白身魚のカルパッチョなど、時には中華から離れた料理法でも提供する。

どの料理も野菜をふんだんに使い、下調理からていねいな仕事を心がける。味付けはやや さっぱり。そのため、家族連れから年配の人まで幅広い年代から支持を集めている。

「ジューシーな唐揚げは家のと根本的に違う、と主人は言います。スープも美味」「家族で来ている人が本当に多い。最近は予約が必須」などの票を獲得。
写真は右からひな鶏のパリパリ揚げ（半羽）1600円、蟹肉入りスープチャーハン、季節の魚介料理（軽くボイルした白子にピリ辛山椒ソースをかけたもの）。
［利用する場合の注意］
JR逗子駅東口を出て、池田通り方面へ交番の角を入り、オーケーストアの先。夜は17時30分から。水休。ランチも営業。

LURE'S

生まれも育ちも鎌倉というオーナーが営む気軽に食べて飲めるダイニングバー。駅から少し離れているため、地元の人や逗子マリーナの常連客がくつろぐために集まる穴場に。

料理人として30年のキャリアをもつオーナーの料理は、自家製メンチカツやピッツアなどどれもボリューム満点だ。なかでもお薦めは、魚介料理。近海で採れる鮮魚をカルパッチョやグリルで出す。時季になれば地だこの唐揚げや、しらすサラダなど、鎌倉ならではのメニューも加わる。

また、ワインが手頃に飲めるのも自慢のひとつ。ボトルはどれも2300円で、さらに2本目からは1998円になるのがうれしい。話題豊富なマスターと昔の鎌倉や海の話をしながら飲めば、料理も酒もよりうまくなる。

「一階はテーブル3席とカウンター10席程度、夜は暗めの照明で落ち着きます」「マスターの気配りがよく、食事だけでもOK。メニューにはない食事も時には作ってくれます」などの票を獲得。

写真左は真鯛のカルパッチョ（1000円）、中央はソフトシェルシュリンプのオイル焼（730円）。

［利用する場合の注意］
鎌倉駅から本覚寺裏の小町大路へ入り、海の方へ。踏切を過ぎた水道路交差点の角。ランチあり。夜は18時から。水休。

企久太

気の利いた酒の肴を出してくれると評判で、地元の人たちが通う店だ。主人は鎌倉出身で、東京の和食店などで腕を磨いた後、10年ほど前にこの店を始めた。

ここを訪れたら、やはり日本酒と魚料理だろう。魚は主人が毎朝佐島漁港に通い、その日の分を仕入れてくる。酒どころだから、料理は酒のあてと考える。ゆえに、素材をあれこれといじらず、刺身や焼き物、蒸し物、自家製の天日干しなどにして提供する。

佐島は魚種が多彩だが春なら、しこいわしやしらす、たい、夏はまこがれい、こち、秋からは冬はかつお、ひらめ、稀にだが、ふぐにありつけることもある。

選りすぐりの日本酒と、うまい肴で一献傾ける、まさに至福の時だ。

「魚が新鮮。しめさばがあれば必ず頼む。酒蒸しなど、一尾まるごとの料理を数人でいただくのが幸せ」
「魚、野菜、ごまの風味が濃厚な嶺岡豆腐（630円）など、おいしい料理が多数。大人が楽しむ店」などの票を獲得。

写真右はあまだいの酒蒸し（3000円）。
［利用する場合の注意］
JR鎌倉駅から小町通りへ入り、一つ目の交差点を過ぎて1本目の路地を右へ、さらに1本目の路地を左へ進む。三叉路の角にあるビルの2階。17時から。水休。

オステリア コマチーナ

２０１０年２月にオープンしたイタリアン。地元の食通の間で話題を集め、今回のアンケートでも、飲食店最多の得票だった。小町にありながら、古いビルの２階という立地から、地元の人がこっそり通う穴場的存在だ。

余計なことはしない、がオーナーシェフの亀井良真さんの身上。店の内装もごくシンプルで、小さなカウンターとテーブル席が数席あるのみ。料理も、例えば写真のボッリートミストなら、付け合わせでハデさを演出することはせず、吟味を重ねて選んだ肉のうまさで勝負する。その潔さが実に小気味よい。

基本コンセプトは、ワイン食堂。そのため、イタリアワインを中心に１２０種ほど揃える。料理からワインのセレクト、ドルチェ、食後のエスプレッソまで、満足度が高い。

「おいしいイタリアンが手ごろな値段で食べられると噂の店です」

「都心ではまずないほどリーズナブルな価格でワインを飲めるがうれしい」といった票を獲得。

写真はボッリートミスト1000円。牛タン、豚、鶏をていねいにゆでて、塩とオリーブオイルをかける。ワインとよく合う。

[利用する場合の注意]

鎌倉駅から小町通りを八幡宮方面に5分ほど歩いたビルの2階。ランチ12時、ディナーは18時から。火休。

他にもある夕食店

この町にイタリアンは星の数ほど、といったら大げさか。相模湾の海の幸、鎌倉野菜がウリの店は日本料理店だけでなく、イタリアンにも数多い。多くの票を集めていたのは、鎌倉文学館そばの**Manna**、由比ガ浜の**イル ビッライオ**、二階堂の**LA PORTA**、西鎌倉の**TRATTORIA Fossetta**などだ。どの店もかなり人気が高い上に、席数が少ないなどの理由で、予約なしでは入れないことが多い。

反対に、今回人気のフレンチというのは少なく、**レストラン プランデルブ KITAKAMAKURA**と、フランス人シェフがいる八幡宮そばの**フランス料理 レネ**くらいだった。鎌倉とフレンチは相性が悪いのかもしれない。

日本料理店は、若宮大路にある**てんぷら大石**、浄明寺の寿司店**和さび**など、有名店が挙がった。近所に愛される、地元民度が高い店も挙がっていたので紹介しよう。新鮮な魚が手軽に味わえる小町の居酒屋**尾崎**、揚げ物がうまい御成町の**灯り**、大船の炭火焼**囲炉裏**。この3店も混んでいることが多い。

酒を楽しむ店は、長谷にあるワインバー、**Beau Temps**が一番人気。このオーナーソムリエは、満月ワインバーにも出張している石井英史さんで、石井さんがぼそぼそっと話すワインの話に時を忘れるのだそう。500円以下の飲み物や料理が豊富に揃う小町の**鎌倉バル**、カクテルの種類が豊富な由比ガ浜の**シードレスバー**も挙がった。

甘味よし、しかもそれだけではない

おいしいと評判の甘味の店は、和洋ともたくさんあった。
取り柄はただおいしいだけではないのだ、と、
複合的に評価された店を、ここに集めてみた。
おいしさ以外にどんなところが支持されたのか。

無心庵（甘味）

美鈴（上生御菓子）

なみへい（たいやき）

カルヴァ（ケーキとパン）

麩帆（生麩）

食品や雑貨、日常の名店

魚常（地魚）

鳥一（ひなとり処）

JR鎌倉駅近くには、
スーパーマーケットが何軒かあるが、
駅を離れると大型店舗は少なくなる。
近所の個人商店で毎日のように、
買い物をする人も多い。
気の置けない普段の店のなかにも、
名店と呼べるような場所がある。
今回のアンケートでも、
多くは日常の店を紹介していただいた。
ここに、そのほんの一部を挙げてみる。
何かと話題の、鎌倉市農協連即売所《レンバイ》も、
合わせて紹介してみよう。

湘南ワインセラー（葡萄酒）

菊一（刃物研磨）

Aterier takaneco（かご）

魚勘（魚）

萬屋商店（酒、食料品）

Seto（いきものに学ぶ）

鎌倉市農協連即売所（鎌倉野菜）

もんざ丸 前田水産（しらす）

美鈴

八幡宮に近い住宅街、飛び石と植栽のアプローチの奥に、暖簾がある。１９７２年創業の和菓子の名店だ。引き戸を開けるとすぐ、ショーケースも価格表示もない玄関先が販売スペースで、時々常連客がくつろいでいる。

昔ながらの手作りにこだわり、風味や食感、彩りにまで心を砕いて仕上げる菓子は、日だまりの植物のよう。下の写真が作業場だが、電化製品はほとんどない。小豆を煮る大きな釜、馬毛の漉し器などが並ぶ。大量生産はできないが、八幡宮や周辺の寺で開かれる茶会に百単位の菓子を納めることもあるそうだ。

月ごと季節ごとに変わる和菓子は原則として予約制、残っていれば店頭購入も可能だ。創業者の内記進さんの亡き後、夫人の慶子さん、息子の久彌さんが暖簾を守っている。

「美鈴の甘葛会に入っています。会員になると、月ごとに季節の和菓子を送ってもらえます。月会費は2600円です」
「練りきりが6個セットになった季節の上生菓子（1560円）が好きです。美しく繊細なおいしさです」などの票を獲得。

写真右は二月の季節の和菓子「をさの音」。芯は茹でて蜜煮したごぼう。
[利用する場合の注意]
鶴岡八幡宮のそば、寶戒寺の南側に位置する細い路地に面している。9時から。火休。

無心庵

江ノ電の和田塚駅に降りると、線路の向こうに甘味処の暖簾が見える。江ノ電の線路脇に建つごく普通の民家だったが、現在の店主の母が、一人暮らしでつまらないからと、自宅の一部を甘味処として開放した。今から20年ほど前のこと。

炊きたての自家製豆が自慢のあんみつや、豆かん、冬のおしるこなど、昔ながらの甘味にほっと心が安らぐ。

甘味とともに、ゆっくり時間をかけて味わいたいのが、庭の風情だ。店主が大切に育てる植物は160種にもなる。つばき、梅、山吹、藤と、庭木の花が四季で移り変わり、春になると、しゃがやすみれが可憐な花を咲かせる。混み合う午後3時ごろは避け、早めの時間に訪れて庭をのんびり眺めたい。

「垣根の向こうに江ノ電が通ります。あんみつや田舎しるこがお気に入りです」「季節の花の写真を撮りに、よく立ち寄ります」などの票を獲得。
写真はあんみつ（700円）。豆は北海道産を使い、皮は軟らかく、中はほくほくに炊き上げる。そのほか、アイスクリームをのせたクリームあんみつ（800円）や豆かん（600円）も人気。
[利用する場合の注意]
江ノ電和田塚駅ホーム向かい。藤沢側の改札口から出る。10時から。木休。

なみへい

大学時代に長谷からの海の美しさを観て、鳥肌が立ったという濱田紳吾さん。若い店主は、駄菓子屋のように地域のコミュニケーションの場となる店を持ちたいという夢を大家さんに熱く訴え、2010年1月1日、由比ガ浜通りにたいやき屋をオープンさせた。店名には、由比ガ浜の波がいつまでも平和でありますように、という願いが込められている。

夢はすでに実現されつつある。隣の交番のおまわりさん、近くの小学生、平日でも行列ができる。明るい店主、おいしいたいやきやパン（とくにピロシキ）があるからだ。

どの品も手間を惜しまず、国産・安全・本物の材料にこだわって、きちんと作る。例えば目玉のたいやきは、絶滅危惧種ともいえる一丁焼きで一尾ずつ焼く。とにかく香ばしい。

「若いお兄さんが、一生懸命たいやきを焼いている姿は感動的です。最近、スープもメニューに加わりました」
「皮はぱりぱりというわけでもないのですが、美味です。つぶあんがおいしい」などの票を獲得。

たいやきはつぶしあん、ごま、抹茶、やきぐりが一尾150～200円。中央は黒毛和牛が入った焼きピロシキ210円。
[利用する場合の注意]
江ノ電由比ヶ浜駅から由比ガ浜通りへ。文学館入り口の角。10時から。月休。

カルヴァ

甘味のページに入れてはいるが、正式名称はブーランジュリー（パン屋）＆パティスリー（ケーキ屋）カルヴァという。パン部門を兄の田中聡さん、ケーキ部門を弟の二朗さんが経営している。兄弟ともに、フランスのノルマンディー地方で修業した経験を持つ。

この場所には以前、エミールというケーキ屋があった。兄弟の父、良一さんが経営した店だ。エミールの閉店後、独立を決めた兄弟がビルを建て直し、店を開くことになったが、同時にビルの3階にフランス料理店シェ・ケンタロウが入った。シェフは兄弟と旧知の鈴木謙太郎さんだ。フランスだけでなく、ミクニマルノウチ、葉山ホテル音羽の森などで腕を磨いた3人によるコラボ、フレンチ、パン、デザートのどこにも死角がない。

「ショートケーキやモンブランも上品ですが、ノルマンディー仕込みのアップルパイ（45ページ、300円）が絶品です」「お薦めはシェ・ケンタロウのカレーを包んだカレーパン。油っぽさがまったくない」などの票を獲得。

1階にパン工房、2階に菓子工房がある。店名のカルヴァはノルマンディー地方のりんごのお酒カルヴァドスからとった。

[利用する場合の注意]

JR大船駅東口のタクシーやバス乗り場の向かい。7時30分から。火・第3水休。

麩帆

　こちらも一応、甘味ページに入れてはいるが、関東地方では珍しい生麩専門店。生麩職人の河合繁夫さん夫妻は西から移り住んだ当初、料亭などへの卸しを専門にしていた。評判を伝え聞いた地元の人の要望で、小売りも始めた。小売りは本当に小さな窓口で行うので、注意しないと通りすぎてしまう。

　甘味に入った理由は、こしあんを生麩でくるんだ麩まんじゅうの人気が高いため。ひとつずつ笹に包まれ、もっちりつるりとした食感だ。午後には売り切れることも珍しくない。

　とはいえ、ぜひ味わいたいのは生麩だろう。鎌倉には料理家が多数いるが、この店の常連も多い。よもぎ、粟、黒ごま、白ごまの4種で、いずれも550円。安全な国産粟の価格が上がり、粟は値上げの可能性もあるという。

「売り切れると窓口が閉まってしまいます。買った麩まんじゅうを食べながら歩く観光客を、よく見ますね」
「よもぎと粟が好み。鍋に入れるとほどよく出汁を吸い、美味。はんぺん、ちくわぶよりおいしいと思う」などの票を獲得。

写真手前左が麩まんじゅう（170円）。右は柚子みそ（300円）。
［利用する場合の注意］
江ノ電由比ヶ浜駅から由比ヶ浜通りへ出る。鎌倉文学館方向へ歩いた右手。10時から。月休。

鳥一

1948年創業の鶏肉専門店。小さな店だが、来店客がひきも切らない。人気の源は、ブランド鶏にこだわることなく、品質と味で厳選した鶏肉だ。地元では「鶏肉はここ」と定評がある。化学調味料や保存料を使わない手作り惣菜の、一番人気はコロッケ。じゃがいもとたまねぎ、鶏挽き肉を使ったチキンコロッケで、創業当時からの人気商品だ。毎朝5時半から作り始めるが、仕込みから完成まで5時間ほどかかるという。

「おいしいのはもちろんなのですが、鶏肉の色が薄いピンク色でとても美しいです。新鮮なのだと思います」などの票を獲得。
[利用する場合の注意]
JR鎌倉駅西口から御成通りへ入る。しばらく歩いて由比ヶ浜通りに出る手前の左手。9時から。火・第3水休。

湘南ワインセラー

今では材木座本店、若宮大路店、葉山店の3店舗を構える。2003年、店主の花里誠一さんが材木座へ移り住み、本店を開いた。立地が悪いのでウェブサイトでの販売に力を注ぎ、来店客はあまり期待しなかったが、数年で顧客がついた。スタッフ全員がワインアドバイザー、日常使いから最高級品まで本店だけで数千本が揃う。オバマ大統領が就任演説前に飲んだスパークリング（47ページ写真右、2000円強）などユニークな品も。

「晩飯のカレーに合うワインを選んでほしい、というような質問にもきちんと応えてもらえる」などの票を獲得。
上の写真は若宮大路店。
[利用する場合の注意]
JR鎌倉駅東口から若宮大路を八幡宮方向へ。左側の歩道を歩き、豊島屋の大きな建物のすぐ手前。10時30分から。月休。

Aterier takaneco

ラフィア椰子の葉を加工した天然素材を、独自の方法で巻き、大小さまざまなかごを作り上げるtakanecoさん。鎌倉に住むデザイナーだ。東京芸術大学大学院を修了後、SAZABYバッグ事業部で企画を担当。フリーになってからはバッグデザイナーの仕事を続けながら期間限定のアトリエを開いて、かご作り教室を開いたり、自身のかごやバッグを販売したりしてきた。2011年3月、期間限定のアトリエが、常設されることになった。

「takanecoさんは、ふたりの幼い男の子の母親でもあります。ご本人も作品も美しく透明感があって、とても魅力的です」
[利用する場合の注意]
妙本寺の門をくぐってすぐ、左手の建物2階。水〜金はオープン、土日も時々オープン。仕入れや打ち合わせなど、諸般の事情で臨時に閉める(開く)ことも。

魚常

材木座で江戸時代から続く魚屋さん。近隣では光明寺と魚常の建物だけ、震災でも倒れなかったという(その後戦時中に、戦車が通るため強制的に建て替え)。店先で高橋茂代子さんが話す。

「昔は近所に漁師も大勢いて、すぐそこの浜で地引き網があったんです。今は淋しくなったけどね」

それでも並ぶ魚は、ほとんどが地物だ。どうしても入手できない時以外、市場からは仕入れない。地魚を求めて、鎌倉市全域から注文が入る。安くてうまい。

「種類は少ないのですが、かわはぎもたいも安くて新鮮。ここの魚を食べたらよそのは食べられない」などの票を獲得。
[利用する場合の注意]
JR鎌倉駅から京急バスJR逗子駅行(九品寺・小坪経由)に乗り、九品寺下車。海へ向かって数十歩左手。9時から。月休。

魚勘

こちらの魚屋さんは、長谷の住宅街にある。「創業170年くらいと聞いています」と、五代目店主の木村敏信さん。母の正子さんも、いまだ現役だ。

活きの良い神奈川産あじ、いわし、かますなどが並ぶ店先は、海岸近くの魚屋さんの雰囲気がたっぷり。地魚は腰越の仲買から、その他は先代から付き合いのある築地の魚市場から仕入れる。車で遠方からわざわざ訪れる客や、通りがかりに魚の鮮度を見て買って行く観光客も多い。

「お刺身を頼むと1500～2000円の予算でも3～4種類を盛り合わせてくれて、スーパーなどとは大違い」などの票を獲得。
[利用する場合の注意]
江ノ電長谷駅から星の井通りを極楽寺方向へ。一つ目の信号を右折し、すぐの左手。すぐ近くに日本料理店の田茂戸がある。9時30分から。月休。

Seto

生き物に学ぶデザインをコンセプトに、ものづくりをするデザイナー瀬戸けいたさんと、なおよさん夫妻。かえるや蝶などをモチーフにしたバッグやおもちゃ、雑貨をデザインする。ウェブサイトでの販売が中心だが、夫妻の仕事場が作品を近くで見られる直営店になっている。アイデアソースの本や民芸品の他、試作品も展示中。2011年4月22日からトライギャラリーおちゃのみずで、単色画とテキスタイル製品の展覧会を開く予定だという。

「9brandというブランドでしたが、最近名称を変えた。モバイルケースに携帯電話を入れて持ち歩いています」などの票を獲得。金、土、日曜の午前11時からの営業。動物園のポスターなどもデザイン。
[利用する場合の注意]
小町大路から琴弾橋へ。橋を渡り左に歩く。

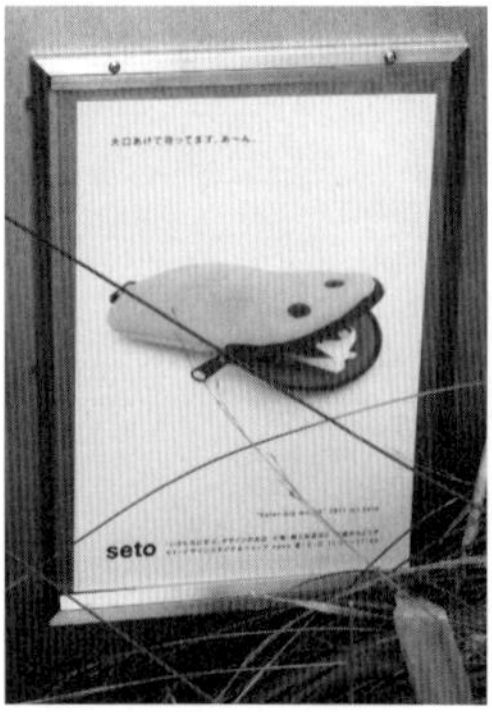

菊一

創業明治35年、100年余り続く打刃物の専門店。三代目の菊一公明さんは、刀剣の研師《とぎし》として優れた腕を持つ。この店に頼めば、家庭用の包丁や鋏《はさみ》はもちろん、彫刻刀、鑿《のみ》、鉋《かんな》まで、刀剣と同じ作法で、最高の切れ味に研いでくれる。

刃物がずらりと並んだ店内の一角に水を張った桶を置き、公明さんと、四代目になる息子の順平さんが黙々と砥石に向かう。菊一から帰った包丁は、買った時より切れるようになると評判だ。

「わが家の包丁は長持ちさせるため、定期的に菊一さんへ出します。お客さんにプロも多いですよ」などの票を獲得。研ぎの依頼は全国からある。包丁1本800円から。
[利用する場合の注意]
JR鎌倉駅方面から由比ヶ浜通りを長谷方面へ。六地蔵信号の辺り。9時から。水休。

萬屋商店

創業90年の老舗の酒屋で、黒い雑種の中型犬・権三《ごんぞう》がいる店としても親しまれている。先代も寡黙で賢い良いやつだったが、今の権三は三代目。小田原の「いいちみそ」を量り売りしており、「おいしい」と評判を呼んでいる。

この店の名物は、夕方から夜にかけて、奥のスタンドに近所の人が集まって盛り上がること。なにせお酒は原価だから安い。時にはおかずが余ったからと、無料のつまみが差し入れられる。

「店内でも盛り上がっていますが、常連さんが裏庭のスペースを借りて、芋煮会や焼き肉パーティーを開いていることもあります」などの票を獲得。
[利用する場合の注意]
JR鎌倉駅から京急バスJR逗子駅行（九品寺・小坪経由）に乗り、材木座バス停のすぐそば。8時30分から。火休。

鎌倉市農協連即売所

昔は市場と呼んでいたが、最近ではレンバイなどという。鎌倉市やその近郊の農家が、栽培した野菜や花を売る直売所だ。

歴史は古く、1928年に外国人牧師のアドバイスで発足した。以来、組合加盟の農家が4班に分かれ、交代で新鮮な鎌倉の野菜を販売している。長い歴史のなかで新規加入はなく、メンバーは不動（後継者がなく廃業した農家は数多い）、各班を構成する農家の面子もほぼ不動だ。営業時間は朝6時頃から夕方まで、売り切れると閉店する。

鎌倉で独立する料理人が増え、朝からプロが野菜を買い占める。観光客も激増し、地元民の足は遠のきがちだ。ただ、人気の恩恵もある。10年前に比べ、野菜の安全性と品質は格段に上がったと、ある農家が教えてくれた。

「最近あまりに有名になってしまって、早朝行かないと品薄になってしまうので、多少不便を感じています」

「すべての店によく行きます。2班は特にプロの料理人が多く、争奪戦になりがち」

「初夏のトマトの季節に日参する。完熟トマトが手頃な価格で入手できる」などの票を獲得。

[利用する場合の注意]

JR鎌倉駅東口から若宮大路に。海の方へ歩き、郵便局を過ぎてすぐの左手。正月を除き、無休。1～4班が順番に店を開く。

もんざ丸 前田水産

しらすは、湘南地方を代表する名産品のひとつ。もんざ丸 前田水産は、鎌倉では有名なしらす屋さんだ。経営するのは、4隻の船を持つ前田恵三さん。天候の悪い日や禁漁期間（1月1日〜3月11日）を除き、しらす漁に出る。不漁の日ももちろんあるから、店で必ず獲れたてのしらすが手に入るわけではない。代わりにかますなど別の魚が豊漁なこともあり、とりあえず店頭へ行く価値はある。

　天日干しや解凍したしらすは入手しやすいが、お薦めは茹でたての釜あげしらす（550円）。甘さを残す絶妙な塩加減にするため、塩を吟味している。他にたこや、さざえ、あわび、わかめ漁も行っており、しらすを茹でた残り汁で茹でるたこは美味。禁漁期に売られるさざえやわかめも、安価で新鮮だ。

「ごくまれに生しらすが手に入ることもありますが、正直言って釜あげしらすのほうがおいしいです」
「たこは数千円しますが、一匹まるごと茹でてあるので決して高くはありません。初夏と秋がおいしく、手みやげにすることもあります」などの票を獲得。

[利用する場合の注意]
JR鎌倉駅から京急バスJR逗子駅行（九品寺・小坪経由）に乗り、九品寺下車。海へ向かって数十歩左手。9時30分から。不定休。

他にもある甘味の店と、日常の名店

甘味部門でまず挙げたいのは、雪ノ下の**蕪雨庵**と、小町の**納言志るこ店**だ。店の雰囲気も含め、人気が高かった。蕪雨庵は日本茶とデンマーク製の家具、納言志るこ店は田舎志ること古い小学校の教室を思わせる飾り気のない店内が好評だ。以下、票を集めた店を列挙しておく。小町の**ジェラテリア・イル・ブリガンテ**は、イタリア人が作る手作りジェラートの店、御成のクレープ店**コクリコ**、扇ガ谷の**ロミ・ユニ コンフィチュール**など。洋風菓子で票を集めたのが、鎌倉駅東口ロータリー近くにある**鎌倉フェリーチェ**だった。小さい店だが素材に気を配り、無添加無着色のイタリアンスイーツがテイクアウトできる。ゴルゴンゾーラとじゃがいも、かぶなど甘くないブリュレも揃っている。

日常の店のうち食材店で名が挙がったのは、東口駅そばの魚屋**丸七百貨店**、坂ノ下のしらす屋の**喜楽丸**と**三郎丸**、小町の**東洋食肉店**など。坂ノ下の食材店**三留商店**（酒も）は、明治15年創業の老舗。ヨーロッパやアジアの食材まで取り揃える。材木座の手作り弁当店**バニー**も評価が高かった。安全・愛情・安心にこだわり、使用済み油はバイオディーゼル燃料として再利用し、生ゴミは堆肥にして農家へ払い下げる徹底ぶり。酒屋では御成の**高崎屋本店**の品揃えと、立ち飲みスペースも評価された。

雑貨では小町の**nugoo**の手ぬぐいがお土産に最適、こけしとマトリョーシカの店**コケーシカ鎌倉**（長谷）は外観からユニークだ。由比ヶ浜通りの薪ストーブ屋**ノーザンライトストーブ**も、希少価値で票が入った。それぞれ駅の東口、西口近くにある**島森書店**と**松林堂書店**、**たらば書房**の名前も挙がった。

第二章　私的な年中行事

たくさんのイベント

それほど広くはない市だが、一年を通じて、イベント、いわゆる年間行事に不自由しない。神社仏閣が多いことと、相模湾に面していることが影響しているようだ。神社仏閣が主宰する由緒あるイベント以外にも四季折々、地元の人たちの私的な年間行事がたくさんある。大自然に囲まれているとはいえないが、十分に田舎であるためだろう。

東京都心からJR鎌倉駅まで1時間ほど、少し遠目の通勤圏内なのだが、都心とは町の空気がまったく違う。都心から鎌倉へ向かうJR横須賀線に乗っていると、横浜駅を過ぎてしばらくたった頃、車窓に写る緑が濃くなってくる。大船駅を過ぎてからは、緑にすっぽり包まれたような気分になる。

鎌倉駅のホームに降り立つと、空気が湿っているのが分かる。風のある日は、電車のドアが開いた瞬間に、磯の香りがする。

そのような場所だから、身の回りにある小さな自然が、季節とともに移ろっていく。なかには、毎年楽しみに待つような、魅力的な行事もある。住む人たちのプライベートな行事も含め、紹介してみる。

春の年中行事

都心と比べて、鎌倉の冬は寒い。高層ビルは皆無だし、地下街もない。天気予報で聞かされる最高、最低気温はほとんど変わらなくても、体感温度は相当に低い。だからこそ、春の訪れは素直にうれしい。原始的感情がわき起こる。

3月から5月にかけて行われる公的なイベントは、北鎌倉の円覚寺の時宗祭（北条時宗の命日に茶会が開かれる）や、極楽寺の花祭り（鎌倉時代の律宗の僧・忍性の墓が公開される）、鎌倉まつりなどがある。4月の第2日曜から第3日曜日まで開かれる鎌倉まつりは、比較的大きなイベントだ。頼朝を偲ぶというのがテーマだが、鎌倉市全域が会場となり、パレードや野点《のだて》が行われる。鶴岡八幡宮では舞殿で静の舞が披露されるほか、武田流流鏑馬《やぶさめ》も奉納されている。ちなみに右ページの写真は、

9月の八幡宮例大祭でのぞき見た流鏑馬だ。

63ページの写真は、5月中旬に光明寺で行われる秋葉山三尺坊大祭の風景。火災や災害防止を祈願する行事で、天狗（烏天狗も）や僧侶、稚児が列をなし、光明寺裏山山頂にある秋葉三尺坊大権現の祠《ほこら》まで登って行く。光明寺近所の地元民はこの行事の際、天狗が描かれた火盗消除のお札と、お赤飯をいただく。毎年、台所に張ってある火伏のお札を、新しいものに張り替えるのが習わしだ。

私的な春の行事の筆頭は、やはり花見だろう。他の町も似たようなものだろうが、桜の名所は市内全域にある。花見好きはこの時期、市内をなるべく広く歩き回っている。鎌倉逗子ハイランドの桜並木や、源氏山、鎌倉霊園、鎌倉山などが花見のメッカだ。

地元民度の高いお花見スポットは、光明寺の境内と裏山駐車場、大船の三菱電機総研で開かれる桜まつり（ご近所の方だけが招待される）、大船イトーヨーカドー裏の川沿いの道など。源氏山から中央公園へ抜ける山道から円覚寺方面を見ると、山々の桜がかすんで夢のよう、という回答もあった。

あまりにも有名だが、やはり格別なのは、若宮大路の段葛《だんかずら》だ。どんなに混雑しても若宮大路の桜だけは見に行くと答えた人もいた。段葛というのは、鎌倉時代からある鶴岡八幡宮の参道、若宮大路のなかで、二の鳥居から八幡宮までの車道より一段高い歩道のことをいう。道の両脇に桜がびっしり植わり、

春は桜の小道となる。

　桜以外では、十二所《じゅうにそ》果樹園の梅、建長寺の牡丹も親しまれている。十二所果樹園は鎌倉市の西、鎌倉霊園の南側に広がる果樹園で、梅だけではなく栗や松、桜、柚子なども植えられている。なかほどには展望地もあって、眺望がよい。鎌倉風致保存会が6月中旬、収穫した梅を販売したり、11月下旬、伐採した枝や木の実を使ってクリスマスリースの作り方講習会を開いたりするという。果樹といえば、自宅の庭に夏みかんなどの柑橘類の木がある人も多く、5月のマーマレード作りも大事な行事だ。

　ハイキングコースについては第四章で詳述するが、春のハイキングの楽しみは、運が良ければのびる（小さい球形の根を持つユリ科の多年草）やつくしなどの野草をゲットできること。季節の野草はなかなかの美味だ。毎年、自宅の庭の隅にたけのこが生えてくる、という人もいる。うらやましいかぎり。

　暖かくなるので、浜辺を歩くことも多くなる。流木拾いを楽しむなら、夏が来る前が向いている。3月上旬には、しらすの禁漁期間が終わる。シーズン到来とともに海辺のしらす屋へ寄り、待ち構えている遠方の友人にしらすを送るのもよい。
　春の最大の行事は、庭の草取りという人もいた。寒くなくやぶ蚊もいない、一瞬の時期だからだ。

夏の年中行事

夏の鎌倉は、町を行く人たちの平均年齢が確実に下がる。海岸に近い地域では、半分はだかの方々がぞろぞろと歩いている。眉をひそめる人もいるが、軽装になりたがるのも無理はない。海が近く湿度が高いので、夏はじっとり暑い。信じられないようなところにも（買ったばかりの木製テーブルの裏とか）、かびが生える。ムカデやゲジゲジも、頻繁に出没する。海へ飛び込みたくなる気持ちはよく分かる。

夏に人気の公的イベントにも、海へ飛び込むものがある。毎年6月に行われる材木座の五所神社の例祭、乱材祭《みざいまつり》は3基の神輿が町を練り歩き、2基が海上渡御を行う。神輿は午前中に五所神社を出発し、伝統の天王唄を披露しながら、材木座の町内を練り歩く。九品寺と光明寺に立ち寄り、最後は海へと入っていく。この祭りで神輿を担ぐのを、楽しみにしている人がいる。

夏の公式行事は他に、6月下旬の由比ヶ浜での海開き、坂ノ下にある御霊神社の石上さま例祭（神輿を船に乗せ、航海の安全を祈願）、そして由比ヶ浜での一大イベント、鎌倉花火大会がある。どうしたって、海関連のものが多いのだ。花火大会は江ノ島や逗子でも開催され、今回、逗子花火大会を鎌倉逗子ハイランドのパノラマ台から見物するという人がいた（やぶ蚊が心配）。

海がらみではない公式イベントの代表格は、立秋前後の3日間、鶴岡八幡宮で開かれるぼんぼり祭りと、8月下旬に行われる鎌倉宮例大祭（盆踊りが行われ、夜店も出る）。ぼんぼり祭りは、ぼんぼり約

400灯が八幡宮に奉納され、夜になると点灯したぼんぼりが幻想的な雰囲気をかもし出す。地元にファンが多い行事だが、「最近は混むので、もう行くのはやめようかと考えている」と、ほとんど切れかかっている人も。

毎年8月10日に行われる、覚園寺の黒地蔵縁日を楽しみにする人もいた。国の重要文化財の黒地蔵を祀る地蔵堂で、真夜中に除災と開運を祈願する黒地蔵施餓鬼が行なわれる。黒地蔵は、地獄の罪人の苦しみを少しでも和らげようと黒くすすけた、といわれのあるお地蔵さんだ。覚園寺はぶらりと行っていつでも拝観できる寺ではないので、観光客が少なく、隠れたファンが多い。

少し季節は戻ってしまうが、本格的な夏の前、梅雨はあじさいの季節だ。驚いてしまったのは、明月院のあじさいという回答が、今回ほとんどなかったこと。北鎌倉の観光客の大行列を毎年見せられたら、当たり前か。あじさいのスポットとして挙がったのは、長谷寺と成就院。極楽寺に近い成就院はあじさいの花の向こうに由比ヶ浜が広がるスポットとして、知られるようになった。花見の年中行事と

しては他に、朝比奈切通しにある熊野神社境内のやぶみょうが、鶴岡八幡宮のはす、東慶寺の岩たばこ、七里ヶ浜から腰越近辺に広がる広町緑地の半夏生《はんげしょう》という声があった。

鎌倉では、夜の川で蛍狩りをすることも、代表的な夏の風物詩だ。梅雨時から7月にかけて、市内各地で光の見物が盛んに行われている。もっとも知られているのは、大町の逆川上流域だろう。鶴岡八幡宮でも毎年6月、境内の柳原神池に蛍が放たれる。放流された翌日から、はかなくも美しい光の舞を見ることができる。今回、蛍狩りの穴場として挙がっていたのは、大船から今泉に向かう途中、江ノ電バス中町バス停付近の川辺。どんな光が見られるのか、楽しみだ。

マリンスポーツを楽しんだり、海で泳いだり、夏の定番行事も、決して人気がないわけではない。このところの酷暑対策（いも洗いを避けるためにも）、海で泳ぐのは早朝、または夕方からという人

が多い。最近はくらげの発生時期が早まっているような気がするので、どうかご用心を。お盆前であっても、すぐに手や足にみみず腫れができる。

海水浴といえば海の家だが、何しろ自宅が近いので、着替えたり、シャワーを浴びたりする必要がない。海の家はいつも大音量で音楽を流していて落ち着かないとか、ごみを片付けない店があるだとか、敬遠気味の人もいる。

それでも、人気の海の家があった。地元の人々が通っているのは、施設が云々よりも、料理がおいしい店なのだ。たくさんの票を集めていたのは、由比ヶ浜に何軒かあるタイ料理の店。海のそばのエスニックで、夕ごはんという人が多かった。

とても私的な夏の年中行事として紹介したいのは、夜明け前、毎日のように響き渡るひぐらしの声。夜の静けさを破って何百匹（ではないかと思う）の大合唱が突然、始まる。5分ほど続いたかと思うと、突然、止まる。この世の音ではないかのようだ。

秋の年中行事

海の季節が終わると、海の家も撤去され、浜辺も町もいくらか落ち着きを取り戻す。秋、鎌倉は山の季節へと移っていく。

へびや虫が苦手な者にとって、夏の山歩きは過酷だ。源氏山へ行くためのごく短いハイキングコースや、多くの人が歩いている天園ハイキングコースでも、かなりの頻度で遭遇するくらいだ。夏の山道には必ずへびがいる。天園の入り口にある細い山道で、台湾りすを頭の方から半分呑み込んだ、太いあおだいしょうと遭遇したことがある。りすには連れ（？）があったらしく、木の上からキャンキャンという切迫した鳴き声が響く。その音響効果も相まって、ものすごい光景に見えた（パカッと口を開いたへびを挟んで前後にハイカーの人だかりができ、勇気のある人から横をすり抜けて行った）。

話がそれてしまったが、気温がぐっと下がると山は紅葉し、へびは冬眠する。そうなれば、山やハイキングコースは、にぎやかになってくる。鎌倉各地のハイキングコースのほか、朝比奈旧道、散在ヶ池で紅葉狩りをし、鎌倉中央公園の田んぼや湿地帯で谷戸の自然を愛でるという声が数多く挙がった。

秋にも、人気の公式行事は多い。坂ノ下の御霊神社の面掛行列は、9月に行われる。伎楽や舞楽に使われる面をつけた人々の行列が町へ繰り出す、珍しい行事だ。先頭は神々の誘導役を務める神で、天狗面をかぶっている。枠に載せてかつがれた獅子頭2頭が続き、爺、鬼、異形、鼻長、烏天狗などと続いていく。かつては面をかぶる家がそれぞれ決まっていたそうだが、今は有志がかぶっている。面は普段、境内にある蔵で保管され、見学も可能（有料）だという。

9月中旬には、鶴岡八幡宮例大祭が行われる。神輿渡御といって鶴岡八幡宮本宮の神輿3基が烏帽子、白衣、白はかま、白足袋姿になった氏子によって担ぎ出される。錦旗や、高張提灯、太鼓、楯、鉾、弓、矢、太刀などと列を整えて、若宮大路の御旅所である二の鳥居まで渡る。この祭りでは春に続き、流鏑馬を見ることができるが、毎年大変な人出となる。出かけるなら、それなりの覚悟が必要。

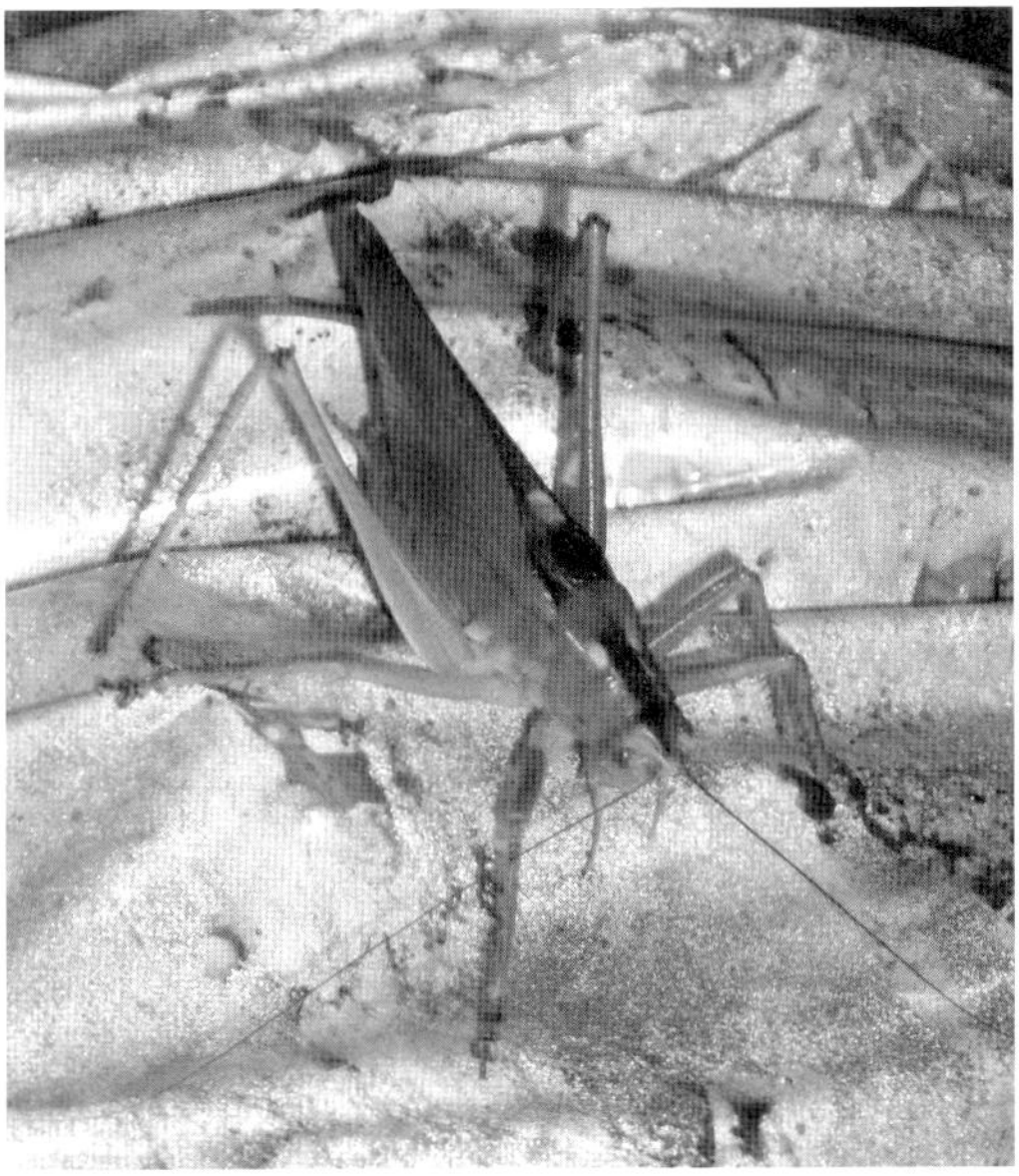

10月上旬になると今度は、鎌倉宮の薪能だ。中秋の風物詩として定着しており、ファンは多い。かがり火に照らし出された舞台の、幽玄の世界は神秘的だ。観覧希望が全国から寄せられるという。

10月中旬に行われる光明寺のお十夜も、高い人気を誇る。本堂で三日三晩、念仏や御詠歌を唱えると千日の修行に値するといわれ、日頃は公開されていない大きい山門の楼上を拝観できる。

大変ありがたい行事だが、念仏というよりも、「十夜法要の縁日で、仲間と飲み食いをするのが楽しみ。毎年同じやきとり屋に行く」といった人が多いようだ。縁日の金魚すくいやスーパーボールすくいの出

店の前に、真剣な顔で座り込んでいる子供もいる。

11月に入ると、建長寺や円覚寺で虫干しを兼ね、寺宝が公開される。千歳飴をぶら下げた子供たちが、八幡宮などの神社に押し寄せるようになる。

涼しくなると脳も活気づいて養分を欲するのか、何はなくとも秋頃に、大船にある鎌倉芸術館の各種催しをチェックするという人もいた。若手や中堅落語家の独演会など、魅力的な人気イベントが開かれることも多いのだ。

秋は、食欲の季節でもある。魚に脂が乗る時期だから、近所の魚屋で獲れたてを入手して、さまざまに楽しむ。鎌倉の魚屋でよく見るのは、あじ、さば、かわはぎ、かます、めばる、くろむつ。ほうぼうやいとよりだいなど、白身の魚種も豊富だ。はも、あんこうも時々ある。いわしは最近、少なくなった。

鎌倉市農協連即売所では、なすや珍しい西洋野菜。夏に書き忘れたが、6月のハウス栽培トマト、7〜8月の路地トマトも手頃なお値段で、完熟している。

冬の年中行事

前述したように鎌倉の冬は、地球温暖化が叫ばれる今でも、あくまで冬らしい冬だ。エアコンなどでは間に合わず、石油ストーブを愛用している家庭が多い。石油ストーブは飲食店でも大活躍、焼酎のお湯割を頼むと、ストーブにかけたやかんのお湯で割ってくれる。火の周りに自然と人が集まって、会話が弾んでいる光景もよく見かける。

冬は空気が澄んで、海や空が透明な青になる。多少寒くても、浜辺の散策は悪くない。冬の大潮の後、浜辺で桜貝を拾うのが年中行事、という人もいた。歴史的異物の欠片など、海辺の漂着物を拾い集めることをビーチコーミングといい、趣味にしている人も多いのだ。ビーチコーミングには、材木座海岸が適しているといわれている。

冬は、真っ白な富士山が、はっきりと見える日（特に朝）も増える。鎌倉には富士山を眺めるスポットが、あちこちにある。源氏山公園のある一角（木の幹にここという紙が張ってある）、衣張山山頂、鎌倉逗子ハイランドのパノラマ台、材木座霊園の一角、光明寺の裏山、材木座海岸の豆腐川河口、稲村

ヶ崎などなど。そんな場所から眺める沈む夕日もまた、すばらしい。冬ではなく4月と9月だそうだが、運が良ければ、富士山の山頂に夕日が沈む景色も見ることができる。

冬の年中行事として、公的私的の区別なくもっとも重要なのが、初詣だ。アンケートを寄せてくれた人たちも大半が、初詣には行っているという回答だった。参拝先は、やはり鎌倉の象徴といえる鶴岡八幡宮がダントツで多い。

「クリスチャンですが、けじめとして八幡宮に行きます」という答えがあったほど。

ただ、正月三が日の八幡宮は、上の写真のような状態になる。大行列の先に、かつては大いちょうがそびえていた石段があり、それを登らなければお参りできない。石段の前でロープを張り、入場制限などしているから、厳かな気分にはなりにくい。

八幡宮を詣でる地元民は、元日の早朝に訪れたり、松が取れてから訪れたり、それぞれ工夫をしている。

お正月の行事として、七福神めぐりを挙げた人も多かった。鎌倉江ノ島七福神は、浄智寺（布袋尊）、鶴岡八幡宮（弁財天）、宝戒寺（毘沙門天）、妙隆寺（寿老人）、本覚寺（夷神）、長谷寺（大黒天）、御霊神社（福禄寿）、江島神社（弁財天）で、弁財天が2カ所、合計8カ所ある。JR北鎌倉駅近くの浄智寺を出発点に、鎌倉、長谷、江ノ島のすべてを回るとご利益が得られるという。

なかでも、鎌倉駅に近い本覚寺はにぎわっている。漁業や商売繁盛の夷神、1月1日から3日までは初えびす、1月10日には本えびすが行われる。福娘が、お神酒や甘酒を振る舞う。境内にはさまざまな出店があり、ラーメンを食べながらビールを飲んでいる人たちもいた。八幡宮のような混雑ではないから、正月早々、楽しそうだ。

ハイキングを兼ねて家族で銭洗弁天（ここでお金を洗い、お守りを買う）、源氏山公園に行き、最後に海を歩いて帰宅することを、新年初めのイベント

にしているという回答もあった。鎌倉宮で正式参拝を受けるという人も多い（鎌倉宮では三が日、無料で正式参拝ができる）。

このほか材木座や腰越、坂ノ下では船おろし、船祝いと呼ばれる行事がある。新年になって初めての船出の前の儀式で、漁船に大漁旗を飾って港に勢ぞろいし、これから1年間、事故もなく大漁続きであるように船霊さまに祈る行事だ。

材木座海岸では船主が船からみかんや菓子、お金を投げていた。漁業関係者だけでなく、一般の人も船の周囲を取り巻いている。

ほかに1月の行事として、五所神社や八雲神社のどんど焼きを挙げる人も多い。どんど焼きは小正月（1月15日）の行事で、正月の松飾りや注連縄《しめなわ》、書き初めなどを家々から持ち寄り、一カ所に積み上げて燃やすお正月の火祭り行事。全国にあったが、都心などではお目にかかれなくなった。神事だが、今ではあまり宗教的な意味合いはなく、にぎやかだ。

第三章　古都の裏わざ

裏わざはあるか？

10年前に比べて、観光客がいっそう増えたように感じる。天気が良ければ、平日も祝日もまったくおかまいなし、駅周辺や有名観光スポットは大混雑だ。今回、地元の皆さんに、大混雑をうまく避け、すいすいと気持ちよく過ごす裏わざはありますかと、聞いてみた。その答えは、とても印象的だった。

「あったら教えてほしい」「晴天の日は駅周辺に近づかない」「正月とゴールデンウィークは必要なものを全部買いだめして、駅前に近づかない」「土日は外出しない」「江ノ電が混むシーズンは歩くか、バスを利用。テレビで紹介された店には当分行かない」「早朝と夕方から活動する」「断言しますが避けられません」などなど。

人で混雑している場所や時間に外へ出ないという、原始的な対処法がもっとも多かった。

もともと地元民が利用していた車の裏道などは、最新のカーナビにかかれば、すぐにアナウンスされてしまう。裏道のほうが混むこともあるという。これでは、引きこもりたくもなろうというものだ。

鎌倉の快適生活は、本当にもうないのか。希望という名の、小さな声が聞こえてきた。

「大通りにほぼ並行するように、細い路地がたくさんある。未知の路地を進むと、閑静な佇まいと昔ながらの生活の息づかいがうかがわれる。時に瀟洒で趣のある小店に出合うので、お茶などするもよし」

そのあたりの裏路地事情を中心に、快適生活を追求してみた。

30
田楽辻子のみち
DENGAKUZUSHI NO MICHI

静かな鶴岡八幡宮

正月の鶴岡八幡宮は、早朝か夜でなければ近よる気も失せるような大混雑だ。拡声器から途切れることなく聞こえる警官の注意の声、宗教などへの勧誘の声、群衆のざわめき。

参拝する予定の人は、入り口近くまで伸びた大行列に並ぶことになる。あえて列に並ばず、両側に並んだ出店を冷やかして歩くのもよいけれど。

ところが、材木座には三が日でも静かな、小さい八幡宮がある。大町四つ角から材木座方面へ歩き、JRの踏切を超えた先に、右下のような参道入り口があった。参拝に訪れる人は、それなりに多い。ただ、鶴岡八幡宮のような喧噪はないし、待たされることもない。

ここは元八幡宮といって、鶴岡八幡宮がもともとあった場所だ。源頼朝の先祖、源頼義が前九年の戦に臨み、源氏の氏神である京都の石清水八幡宮に戦勝祈願をした。役を平定した翌年の1063年、この場所に石清水八幡宮を祀り、由比若宮（元八幡）とした。

頼朝が安房から大軍を引き連れて鎌倉入りした際、源氏の守り神を祀った由比若宮を、最初に訪れたといわれている。その後、1180年に頼朝が由比若宮を小林郷北山に遷し、今の鶴岡八幡宮となった。

元祖八幡宮なわけだから、お守りやお札などは鶴岡八幡宮とまったく同じものが売られている。由比若宮オリジナルのお札まであって、「家内安全」「商売繁盛」の2種類が置かれている。参拝者数が圧倒的に違うため仕方がないのだが、元八幡のお札は毛筆の手書き、鶴岡八幡宮のお札は印刷だった。

三が日に訪れる人には、寸志でお神酒も振る舞われる。お神酒をいただく小さな盃には、鶴岡八幡宮のご神紋、鶴が刻印されている。

「もしよろしかったら、盃はお持ち帰りください」

毎年恒例の初詣は元八幡だという人が、鎌倉にはたくさんいる。

小町通りの裏道①

ＪＲ鎌倉駅から鶴岡八幡宮へは、何通りかの行き方がある。

もっとも分かりやすいのは、八幡宮の参道でもある若宮大路と、さまざまな商店が立ち並ぶ小町通りのふたつの道だ。観光客の方々も、だいたい「若宮」「小町」ルートをそぞろ歩いている。

だから地元民が自分のペースで町を歩くには、代表的なふたつのルートを避ければいいわけだ。小町通りを避ける歩き方は2通りあって、左の景色は西側の迂回ルート。

小町通りを完全に避けたいと思うなら、東口ではなく西口から駅を出て、線路際を北へ進む。最初の踏切を東口側へと渡り、今度は東側線路際の小道を進むのだ。

途中、コスプレ用のきものをレンタルしてくれる（事前の予約が必要）オムライス屋がある。

「たまには小町通りから離れてコスプレを楽しみ、古都の気分を味わっては」

アンケートに、こう書いていた人もいた。

線路際の小道は、やがて雪ノ下の住宅街へと入っていく。道路のすぐ横を川が流れ、にぎやかな商店街とはまた違った風情がある。

上手に抜ければ、小町通りを歩くのは最後の十メートルほどですむ。住宅街に入ってからは一本道ではないので、いろいろな道を歩いてみるとよい。

鎌倉物語
かまくらオムライスの店
きもの
レンタル
古都鎌倉で
思い出づくり
コスプレ
大正ロマンの
世界
人力車に
ゆられて
鎌倉物語
1日 3.000-
2時間 1,500-
AM11:00～PM6:00 (要予約)

小町通りの裏道②

小町通りを避ける迂回ルートの第二弾だ。

こちらは、完全に迂回できる道ではなく、途中の混雑を避けたい時によく利用する。若宮大路を八幡宮へ向かって進み、スーパーのもとまちUNIONの前を通り過ぎる。続いて、手ぬぐい屋さんのnugooの角を左へ曲がり、右へ曲がる細い路地へとすぐ入る。細い路地を、そのまましばらく直進し、鶴ヶ岡会館の裏を通り過ぎると、キャラウェイのカレーの香りが漂う道へと突き当たる。右斜め前に、新たな路地の入り口が見えるはずだ。そのまま路地へと入り、道なりに進んで行く。

このルートをたどっても、小町通りのかなり八幡宮よりの地点まで、ワープすることができる（裏道①よりは駅側に出る）。

この迂回路の周辺は細い路地が縦横に入り組んで、間口の狭い小さな店が立ち並んでいる。オープンして間もない店も多いから、新しい発見があるかもしれない。

迂回路周辺の路地をぶらぶらするうちに、行列ができる玉子焼屋を発見した。

若宮大路の裏道

今度は、若宮大路を避ける迂回ルートだ。

若宮大路の渋滞を避けるため、その東側を並行して走る小町大路（小町通りではない、小町大路）を裏道として利用する車が多い。そのため、若宮大路は人と車で混雑、小町大路は狭い道なのにスピードを上げて走る車で危険、という状況になる。ふたつの道をなるべく歩きたくない地元民は、車が入れない歩行者用の裏道をもっぱら利用している。

左写真の景色がその裏道で、若宮大路と小町大路の間を、くねくねと走る路地だ。

ＪＲ鎌倉駅東口から若宮大路へと出て、鎌倉警察署の角を右へ曲がる。一つ目の路地を左に入り、道なりに進んで行く。

途中、妙隆寺の墓地の隣や、病院の裏を通り過ぎて行く。両脇に並ぶ邸宅の樹々に、色鮮やかな花が咲き、野鳥がさえずっていることも。鎌倉の路地を愛した大佛次郎別邸跡も、この迂回ルート沿いにある。今は大佛茶廊という喫茶の店になっているが、庭と建物は当時の趣を残している。大佛茶廊の広い庭にこげらがいて、こんこんという音を響かせていたことがあった。

このルートを抜けると浄明寺、十二社、朝比奈の方へ向かう金沢街道へと出る。金沢街道を横切って直進すれば、鶴岡八幡宮の東側入り口へ行くことができる。

地物を安く買う

第一章で紹介したとおり、鎌倉周辺の野菜や魚介は今や、プロの料理人との争奪戦を勝ち抜かなければ入手困難になってきた。夕方にのんびりと鎌倉市農協連即売所などを訪れると、もぬけの殻、誰もいなかったということも珍しくない。

鎌倉の魚屋は、月曜日に休む店が圧倒的に多い。料理人でもなければ、鎌倉で月曜日に地の魚を入手することは、かなり難しい。

そんな時、地元の人たちはスーパーマーケットを便利に使っている。東口には、もとまちUNION、鎌倉とうきゅう、DSニュー鎌万、やまかストアーがあって、西口には紀ノ国屋がある。

スーパーが便利なのは当たり前かもしれないが、例えば鎌万は鎌万水産という魚屋さんが母体なので、魚の品揃えが豊富だ。地魚の品揃えもある（すべて地魚ではないが）。鎌万は、近隣産の野菜も充実している。商品には産地が明記されているので、売り場へ行ってチェックをするとよい。

鎌倉とうきゅうは、魚屋閑散期の月曜日だけ魚売り場に、横須賀市場の魚屋さんが出張販売する。月曜日はとうきゅうで魚を買う習慣のある人も多い。

やまかストアーは安くて充実しているという理由で、精肉売り場の人気が高い。紀ノ国屋やUNIONは、品質の高さで信頼を勝ち得ている。紀ノ国屋が行う朝市のファンも多い。

YAMAKA 鎌倉店
夜11時迄営業

DSニュー
鎌万
KAMAMAN SUSAN

KINOKUNIYA

北鎌倉への裏道

ＪＲ鎌倉駅から北鎌倉駅へ向かう道のりは、２キロほどの距離しかなく、ゆっくり歩いても30分程度だ。鶴岡八幡宮の西側、鎌倉街道を北上する。坂を上って建長寺の前を通り、浄智寺、東慶寺の方へと歩いて行く。北鎌倉の駅裏へ向かえば、目の前に円覚寺の門もある。由緒ある寺が次々と現れて、本来なら散歩にはうってつけの道だ。

ただし、鎌倉市街への出入り口になっている鎌倉街道は、車が多い。道幅はあまり広いともいえず、特に歩道が狭い。ふたりすれ違うのがやっと、という難所もある。そこへ、ゆっくりお寺を見物したい人たちが、やって来るわけだ。

週末になると、歩道をそぞろ歩く団体客、車道の端を走る人、渋滞の車列、歩道と車道の間をすり抜けて

行くバイクと自転車が入り乱れる。

そんな鎌倉街道にも、迂回ルートはある。しかも、寺こそ少ないが、史跡の間を歩いて行く道だ。このルートは鎌倉七口のひとつ、亀ヶ谷切通しを越えて行く。亀ヶ谷坂は鎌倉の扇ガ谷と北鎌倉の山ノ内を結ぶ坂道で、別名亀返坂という。亀がひっくり返るほど急だという意味で、短いけれど楽ではない。

亀ヶ谷切通しは、国指定史跡にも指定されている場所だ。迂回ルート自体が、遠い時代へ思いを馳せるよすがとなる。

亀ヶ谷坂に入る手前に、海蔵寺が管理する岩船地蔵堂もある。右ページ中央の写真だ。この地蔵堂は、若くして非業の死を遂げた頼朝の娘、大姫を供養するために建てられたといわれる。哀れに思った北条氏や三浦氏など、多くの家臣が野辺送りをしたという。

「心ある方は、どうぞ供養の合掌をなさって、この場所をお通りください」

堂の案内板には、そう書いてあった。

となりにいる鳥

町中を歩いていると、野鳥の姿をよく見かける。

せきれい、しじゅうから、めじろなどは都心でも見かけるだろうが、数が違う。冬場のめじろなど、すずめより多いのでは、と思うほどだ。

普通に生活していれば、こげら、あおじ、もずなどにも、時々遭遇する。獰猛なイメージがあるもずは、下から見上げると、腹の部分が黄金色に光って美しい。

とびは、鎌倉市街全域の上空を旋回しているといっても過言ではない。屋外でものを食べる際は、とびが上にいないかどうか、必ず確認をする。地元民は山などで弁当を広げる時、上空が木の枝などで塞がれている場所や、背後に障害物があって通り抜けられないところを選ぶ。開けた空間で食べ物を広げると、たちまち上空からさらわれる。鋭い爪が顔に当たってけがをする人もいるから、注意しよう。

鎌倉には、かわせみもいる。こげら、あおじよりも発見が難しいが、若宮大路のすぐ横を流れる滑川の川面すれすれを滑空する。鶴岡八幡宮の池で見たこともあった。鎌倉女学院そばのえんま橋から見下ろす滑川には、かわせみが止まるのにちょうどよい木があって、ごくまれに静止している姿を見ることができる。エメラルドグリーンの小さなからだは、まさに宝石だ。

大仏周辺の裏道

小町通り、若宮大路、北鎌倉の歩道より、もしかしたら人の過密度は高いかもしれない。大仏がある高徳院から江ノ電の長谷駅に至る道の両側には、土産物屋、雑貨屋、飲食店などが軒を連ねる。長谷観音の長谷寺もすぐ近くにあって、市街でも有数の観光スポットだ。

この道の人の流れを見ていると、観光客が多すぎるというより、歩道の面積が狭すぎる。大仏周辺の歩道はあまりにも狭く、観光バスに乗ってやって来る観光客をまかないきれない。

この人口過密道路のすぐ西側に、あまり車が通らない、幅そこそこの道が走っている。左の景色がそれなのだが、不思議なことに観光客が入ってくることはあまりないようだ。この道がなかったら、近所の地元民は息が詰まったことだろう。一見、何の変哲もない生活道路だが、沿道にはワインバーのBeau Tempsがある。今回のアンケートで、地元民の強い支持を得た店だ。探せば他にも、自分好みの店が見つかるかもしれない。

この裏道を通り抜けて由比ヶ浜通りへと出て行くと、向かいの日本家屋の2階から柴犬が顔だけ突き出し、下界を見下ろしていた。ぞろぞろ歩く人間を眺めて、何を思うのだろうか。

Beau temps
Beau Temps
café-vins naturels

大仏のいる路地

高徳院で大仏にお参りした後、ＪＲ鎌倉駅へ徒歩で向かおうという時、由比ヶ浜通りを行かずに、高徳院の西側を抜けるルートがある。市役所通りの長谷大谷戸交差点まで歩いたら、通りを右折する。鎌倉税務署や鎌倉市役所の横を下り、鎌倉駅西口へと向かう。少し遠回りになるが、散歩にはちょうどよい距離だ。

由比ヶ浜通りは新しい店が次々とできる印象だが、市役所通りの散歩にも楽しみはある。三浦半島の野菜と三崎の魚を売るSasuke Storeや、紀ノ国屋とスターバックス鎌倉御成町店の間にある惣菜屋さん、HAPPY DELI Kamakuraなどは、市役所通りにあって今回のアンケートで票を獲得した店だ。

Sasuke Storeのある日のお薦めは、生わかめ、ひらめ、太刀魚、三崎まぐろ、赤ねぎ、甘玉キャベツ、ブロッコリだった。

このルートは別にどこかの迂回路ではないが、ほどほどの人通りで歩きやすい。歩いていたら、大仏の横顔がちらりと見えた。

第四章　珠玉の鎌倉

こころを洗う場所

鎌倉観光は年中無休、オフシーズンというものがない。気候の良い春や秋は古都の風情を味わうのに最適だし、鬱陶しい梅雨はあじさいのトップシーズン、寒い冬にも初詣、梅桃などが楽しめ、灼熱の夏でさえ海辺で盛り上がろうという人たちが押し寄せる。鎌倉に住んでいると、さまざまな観光スポットは近くにありすぎて、それに人も多すぎて、よほど好きでないかぎり足を運ばない。

ここではそんな地元の人たちが、鎌倉のナンバーワンはここだと思う場所を挙げてみた。アンケートには本当に多種多様な場所が挙がっていたので、「眺望」「海」「寺や教会」「ハイキングコース」のジャンルに分け、特に人気が高かったところを掲載している。

観光地としてあまりにも有名な寺のなかにも、多くの人が気づかず行こうとも思わない丘の上にも、ナンバーワンと評価される場所はある。

地元民がしばらく佇み、ほっとため息をつき、こころが洗われた気持ちになる場所がある。

眺望のナンバーワン

相模湾に面し、
三方向を低い山に囲まれている。
源頼朝が鎌倉に幕府を置いた一因は、
攻めにくい要塞のような土地だったからだ。
今も、開発などで簡単に景観を変えることはできない。
三方向の山の背後、
鎌倉市でない地域は開発が進み、
まるではりぼての山と揶揄されることもあるが、
市の4分の1ほどは保存区域に指定されている。
保存するだけのことはある。
海と山があるからこその眺望は、
言葉をなくすほどすばらしい。

第一中学校前から

「本当に教えたくないからひとつだけ、第一中学校前から眺める風景」と、アンケートには書いてあった。

材木座海岸に近い九品寺から逗子方面へ歩き、浄土宗の大本山・光明寺の前を通り過ぎる。左へ折れる坂道を登って行くと、鎌倉市立第一中学校の前に出る。観光客もここまでは来る人は少ないから、休日も比較的静かだ。

ここはかつて「かながわ景勝50選」に選ばれた場所なのだが、中学校の真ん前にフェンスが設置され、眺望の邪魔をしている。少しだけ上へ歩いて行くと、フェンスがなくなり、急に前が開けた。

まず、目に入るのは光明寺の大伽藍。本堂や、鎌倉一の大きさといわれる山門の屋根を、目の前の木立越しに見下ろせる。

その先に広がるのが海。材木座海岸、由比ヶ浜と海岸線が続く。さらに海岸に沿って目をやると、稲村ヶ崎の左側に、展望灯台が島の中ほどからニョッキリと突き出した江ノ島の一部が見える。天候次第だが、富士山が大きく見えることもある。空気が澄んだ早朝のほうが、可能性が高い。

上の写真右がこの場所から眺めた午前の風景、左が午後の風景だ。富士山も確かに良いが、相模湾のはるか遠くにシルエットとなった伊豆半島へと沈む夕日は、一見に値する。99ページ下も、この場所から撮影した夕日だ。

和賀江嶋周辺から

材木座海岸南東にある和賀江嶋《わかえじま》は、現存する日本最古の築港跡（人の手で築かれた港の跡）といわれている。が、岩がばらばらと集積したそれは、感心こそすれ感動的な眺めではない。

ただ、材木座の砂浜を歩いて和賀江嶋へ、さらに逗子市方面へ向かって小坪飯島公園を経由、逗子マリーナまでの散策コースは人気が高い。近所の保育園児も元気よく、そのコースを散歩する。飯島公園を走り回る子供や犬を横目に、海を眺めるのも悪くない（下）。

逗子マリーナまで行けば、小坪漁港も近い。安い魚屋や、丼めし屋が点在している。

江ノ電から

ゴールデンウィーク、江ノ電鎌倉駅の改札から西口ロータリーへ、観光客の長蛇の列ができる。江ノ電沿線に住む人は、本当に大変だろう。

鎌倉と藤沢を結ぶ江ノ電の沿線は、有名観光スポットが目白押しだ。観光スポットを目指す人もいるだろうが、江ノ電に乗ること自体がすでに観光になっている。地元の人からでさえ、「稲村ヶ崎と七里ヶ浜駅間の車窓の風景」が鎌倉で一番である、という多数の声が挙がった。

よく知られているが、鎌倉高校前駅ホームからの眺め、腰越と江ノ島駅間の路面を走る江ノ電も、人気が高い。

パノラマ台から

鎌倉逗子ハイランドは、40年ほど前に逗子市久木から鎌倉市浄明寺にかけて造成された住宅地だ。開発が始まった当初、好意的な意見ばかりではなかったが、今では道端に植えられた桜が大きく成長し、春には辺りが薄紅色に霞むほどの花を咲かせる。花見の名所として、すっかり有名な場所となった。

近くには岩殿《がんでん》寺や法性《ほうしょう》寺、名越《なごえ》の切通しなど、訪れる価値のある名所旧跡もいろいろとあるので、楽しい散策コースには事欠かない。

ハイランドの西の端へ登って行くと、展望が開け、南北へ走る手すり付きの小道へと行き着く。手すりのそばには、

「関東の富士見百景　富士山の見えるまちづくり」という案内札が立てられていた。もし富士山が見えなくても、周囲には緑に燃える山々が見事に展開する。ハイランドの端の谷が切り立ったところでは、谷越えの借景を意識した家も多く見られる。

手すり付きの小道から名越の切通しの方向へ山道を少し歩くと、パノラマ台と呼ばれる小さな展望台がある。山道からさらに数十メートル上がったところにある広さ6畳ほどの高台だが、伊豆半島から鎌倉市街、逗子市街、横浜市金沢区の方、ランドマークタワーがある横浜市中区の方向まで360度の景観が楽しめる。

上の写真が、そのパノラマ台から眺めた景色だ。

由比ヶ浜

稲村ケ崎

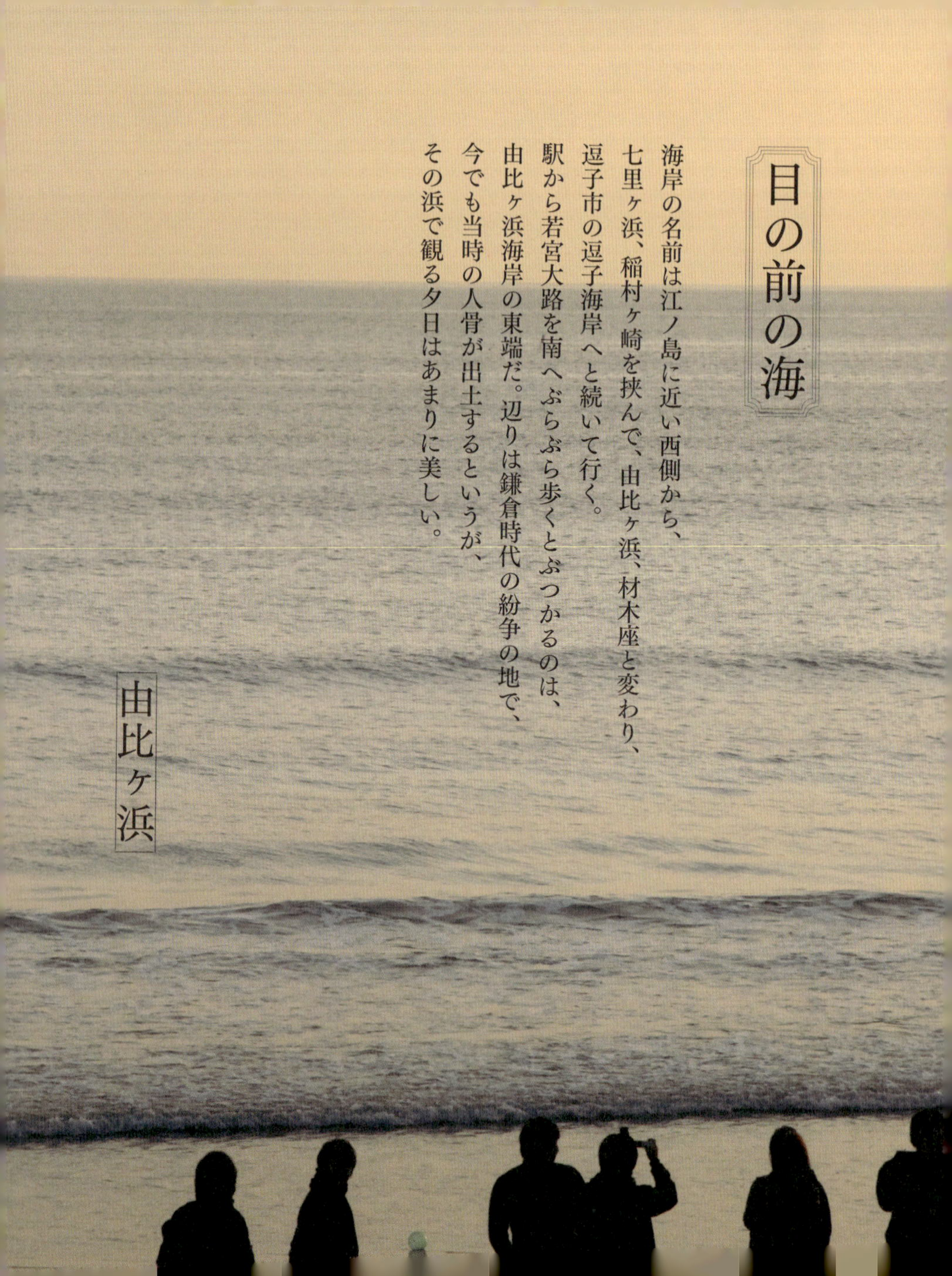

目の前の海

海岸の名前は江ノ島に近い西側から、
七里ヶ浜、稲村ヶ崎を挟んで、由比ヶ浜、材木座と変わり、
逗子市の逗子海岸へと続いて行く。
駅から若宮大路を南へぶらぶら歩くとぶつかるのは、
由比ヶ浜海岸の東端だ。辺りは鎌倉時代の紛争の地で、
今でも当時の人骨が出土するというが、
その浜で観る夕日はあまりに美しい。

由比ヶ浜

七里ヶ浜

稲村ヶ崎と小動岬の間、３キロほどの海岸線が七里ヶ浜だ。鶴岡八幡宮と腰越の間の距離から、その名になったともいわれている。

一見、狭い砂浜に見えるが、いわゆる遠浅の海岸ではなく、海底には海食台が発達している。複雑な波が立ち、海水浴には適さない。その代わりサーフィンをするにはうってつけで、サーファーのメッカだ。

海岸線に並行して江ノ電と国道１３４号が走る。その国道１３４号沿いにあるファーストキッチン七里ヶ浜店を、景色がすばらしい鎌倉の名店にする声も、今回あった（下の写真右）。

逗子海岸

すぐ隣の海岸だが、鎌倉の海とは雰囲気がまた違う。遠浅で波静かな湾、海岸線は１キロほど、夏の海水浴や四季を通じてのウインドサーフィンなど、多くの人に親しまれている。

海岸の西にある披露山《ひろやま》は山頂からの景色がよい。披露山の麓、海岸に沿って走る国道１３４号線の駐車場に２０１０年、〝道の駅〟のような施設ができた。逗子海岸ロードオアシスといって、三浦半島産の農産物や魚介類を販売している。地の魚介を寿司、天ぷらなどで供するＪＩＶＡ食堂もあり、話題になった。どんな具合に地場食材をアピールしていくのか、今後に期待。

材木座海岸

今回、もっとも多くの地元民が鎌倉ナンバーワンに挙げたのは、材木座を中心とした海の眺望、50票以上が入った。この地域を散策コースとする人は、それほど多いのだ。鎌倉駅から離れているから、人が少ないのもよい。

材木座海岸は、滑川河口から飯島崎まで続く1キロほどの海岸で、鎌倉時代は材木の積み降ろしで賑わった。

今はウインドサーフィンのメッカだが、冬はご覧のように浜がわかめ干し場となることもある。ちなみにわかめは歯ごたえのある天然と、比較的軟らかな養殖があるから、買う場合は確かめてみよう。

材木座海岸
海

無になる空間

住んでいると忘れていることが多いのだが、
鎌倉は古都で、文化的な遺産がそこここにある。
海や山、うまい食べ物だけでなく、
由緒ある神社仏閣などに囲まれている。
寺の境内が通勤のための道だったり、
通学路だったりすることも、珍しくはない。
日頃からふれ合うことが多いからこそ、
この場所こそが好ましいと思うようになる。
他とは違う、無になる空間が生まれる。

光明寺

このお寺の地元人気は相当に高い。浄土宗関東総本山。浄土宗に帰依した徳川家康が学問所と定めた18の寺のことを関東十八檀林というが、その筆頭寺院だ。鎌倉では最大の山門があって、二階からの景観に優れている。日頃は上ることができないが、お十夜などの行事の日に公開される。

枯山水の庭やきれいになった本堂など、他にも見どころはたくさんあるが、広い境内に座り込んで、ゆったりぼんやりできるところがもっともよい。拝観料もなし。予約制で精進料理を味わえるが、ごくご近所は未経験な人が多いようだ（興味は大いにある）。

妙本寺

ＪＲ鎌倉駅からほど近く、落ち着いた佇まいの日蓮宗の霊蹟寺院（本山）。こちらのお寺も、居心地がよいという声が多数だ。奥行きがある境内を子供連れ、家族で散策する人が多い。もちろん拝観料はなし。

日蓮上人が現在の本行寺で臨終を迎えた際、枕元に掛けられていた「十界曼荼羅」を本尊とする。もとは比企能員の屋敷で、比企一族が北条氏に攻められ、滅ぼされた場所でもある。能員の末子が日蓮と、比企一族の霊を弔うため堂を建てたのが起源とされる。

桜やかいどうなど四季の花も楽しめる。夏に訪れると涼しいという声も。

海蔵寺

臨済宗建長寺派の禅寺だ。ＪＲ鎌倉駅西口から北鎌倉方向へ20分ほど歩いたところにある。

入り口右手に鎌倉十井の一つである底脱《そこぬけ》の井、奥の窟のなかに十六の井があるため、水の寺と呼ばれる。十六の井は鎌倉時代の遺跡で、今もこんこんと水が湧き続けている。別名花の寺と呼ばれ、春のかいどうが有名だ。本堂の裏にそれは見事な心字池の庭園があるのだが、残念ながら公開されていない。本堂の脇からほんの少しだけ見え、それだけで力強い美しさが分かる。

十六の井を観るために拝観料１００円が必要だが、境内には自由に入れる。薬師堂に安置された薬師如来を、ゆっくり拝むことが可能だ。

カトリック雪ノ下教会

鶴岡八幡宮に通じる若宮大路に面したカトリック教会。「絶えざる御助けの聖母」に捧げられた教会で、聖堂外側の正面の壁に聖母のモザイク画が掲げられている。若宮大路中央の段葛や歩道から、壁画を見上げる。

壁画の内側の聖堂は、派手さはないが趣がある。三角形の高い天井、通路を挟んでずらりと並ぶベンチ。事前に結婚講座を受けることが条件だが、

結婚式を挙げることもできる。10月末には毎年恒例のバザーとオープンチャーチのイベントがあるが、これがなかなかの人気だ。洒落た雑貨の掘り出し物などがみつかるそう。

寿福寺

鎌倉五山第三位の禅寺だ。右ページの海蔵寺よりも手前、鎌倉駅寄りにある。1200年に北条政子が頼朝の遺志を継いで建てたとされる山門の、脇から通じる仏殿背後に実朝、政子の墓と伝えられる五輪塔がある。墓地には陸奥宗光、高浜虚子、大佛次郎などの有名人の墓もある。

多くの名僧が入寺した寺で、鎌倉の禅宗文化を考えるうえで重要な寺院だ。

こちらのお寺も拝観料はなし。参道を彩る緑あざやかな苔が美しい。参道をゆっくりと歩くと、

とても静かだ。中門より先の境内に普段は入ることはできない。正月は、門が開いている。

好みの山の散歩道

鎌倉の三方を囲んでいる山々は、
いずれも標高100〜160メートル程度だ。
それぞれの尾根を鉛筆でなぞるように、
ハイキングコースがくねくねと続いている。
低山登山とさえ呼べない行程だが、
山へ入れば舗装された道はほとんどない。
木々の間の踏み固められた土の道、
根っこが出っ張っていたり、川が流れていたり。
町中に比べさすがに観光客の姿も少ないから、
週末の散歩には最適なのだ。
アンケートでも、あらゆるコースに票が入った。

衣張山

時間はないが、本格的に歩きたい時に向く。１０４ページのパノラマ台ともつながるコースだ。標高１２０メートルだが、頂上には右の光景が広がる。すべてのコースのなかで、眺望は最高。

　金沢街道の杉本寺近くから大御堂橋を渡り、登山口へ向かうのが一般的だろう。20分程度で頂上へ着くが、傾斜が急なので楽ではない。頂上からパノラマ台の方へ向かい、名越切通し（写真右）を下りてもよい。ハイランドの広場から巡礼古道を通って、岩壁のお地蔵尊（写真左）にお参りし、報国寺へ下りてもよい。早足で、1時間ほどで下界へ戻れる。

天園

天園ハイキングコースへ出かけるのは、しっかり歩こうという時だ。標高160メートルの大平山を中心とする、通称鎌倉アルプスの尾根をたどるコース。かつては修行のための道だったそうで、端から端まで歩くと5キロほどになる。

ただ、登り口（下り口でもある）が十カ所ほどあるので、距離を調節することができる。天園を歩く地元民はそれぞれ、自分好みの登り口、下り口を持っているはずだ。

よく知られているのが、北鎌倉の建長寺境内を抜け、寺の裏手の半僧坊から コースへ入り、鎌倉北東にある瑞泉

寺脇へ下りるコース。2時間ほど、4キロ足らずの行程だ。このコースだと登り始めて20分で十王岩に到着し、岩から写真左端のように鎌倉市街が見下ろせる。

注意が必要なのは、建長寺に入る際、拝観料を払うこと（逆にたどる時も同様）。コースへ入るまで、結構な段数の急な階段を上がること。北鎌倉の登山口は他に、明月院のそばなどにある。

二階堂の鎌倉宮から覚園寺手前へ、右手から入る登山口なら、建長寺の階段ほどつらくはない。ここから瑞泉寺脇へ下りてもほぼ同じ時間と距離だ。

天園には、大平山山頂付近に茶屋が2軒ある。寒い季節のおでんなどがおいしそうだが、景観があまりよくない。弁当持参の人も大勢いる。

大仏

裏大仏ハイキングコースとも呼ぶ。北鎌倉と鎌倉の間にある源氏山公園から、長谷の大仏脇へと続くハイキングコース。源氏山公園まで行く時間を除けば、1時間弱2キロほどだ。

短いが、アップダウンが激しい場所がある。木の根が網のように張り付いた斜面もあって、侮れない。両脇の木々がガサガサ音を立てるのは、増えすぎた台湾りすのせいだ。ちなみに山で聞く小型犬のようなキャンキャンという声も、大型犬のような低くこもった声も、台湾りすの鳴き声だ。

24ページの樹ガーデンへは、このコースの途中から行くことができる。コースのどこかに、大仏の背中が見えるところがあるとも聞くが、それがどこなのかはわからない。

葛原岡

北鎌倉の浄智寺脇から登山口へ入り、葛原岡神社の脇を通って源氏山公園へ入園する短い山道。せいぜい20分程度1キロほどだろう。ハイキングコースというより、葛原岡神社や源氏山公園へと向かう道のひとつだ。とはいえ、アップダウンはかなりあるから、油断はしないほうがよい。

葛原岡神社は、鎌倉末期にクーデターを起こして斬首された日野俊基が祀られている。

このコースは山道に近いが、源氏山公園経由で大仏の終点まで行けば、それなりの距離になる。

源氏山公園のなかに、観光客が少ない地元民御用達の一角がある。そこで弁当を広げてもよい。

祇園山

小町大路と並行して走る、ごくごく短いハイキングコースだ。30分1キロ強というところ。

小町大路から北条高時腹切りやぐらへ向かい、山道を登る。尾根伝いに南へ歩き、相模湾が見下ろせる祇園山見晴台へ。見晴台から階段を使い、鎌倉最古の厄除け神社、八雲神社へと下りて行く。もちろん、逆にたどってもよい。町中にも近く、買い物へ行くついでに山歩きができる。

115ページの妙本寺境内にも登山口があるが、この登山口はかなりハードだ。身が軽くないと、からだを持ち上げるのに苦労しそう。

八雲神社や妙本寺境内でのぶらぶら歩きと、組み合わせると楽しい。

他にもあるこころを洗う場所

いきなりだが、銭湯から紹介しよう。こころだけでなく、からだも洗えることではあるし。数票だったが票を獲得したのは、材木座の**清水湯**と、大船の**常楽湯**。清水湯の熱いお湯に入ると、家に帰り着くまで湯冷めしないという声があった。鎌倉の冬は寒いので、前を通りかかるたびに入りたくなることだろう。ちなみに鎌倉五湯といって、鎌倉には銭湯が5軒ある。

魅惑のスポットとして得票したのは、お風呂つながりで**稲村ヶ崎温泉**（鎌倉唯一の温泉）、他に**神奈川県立フラワーセンター大船植物園**、**新江ノ島水族館**、山崎の**こもれび山崎温水プール**、材木座の**ファーイースト ウィンドサーフィンスクール**や**オクダスタイルサーフィング**、鎌倉山の**ハウス オブ フレーバーズ**など。ハウス オブ フレーバーズは鎌倉在住の料理家、ホルトハウス房子さんのケーキ店だ。大きな窓から見える木々の緑がどこまでも広がり、とにかく景観がすばらしい。チーズケーキなどのケーキ類は高価ではあるが、他にはなかなかない美味であることは、言うまでもない。

商店街を挙げる人も多く、**大船商店街**（**仲通商店街**）、**御成通り**の人気が高かった。**小町通り**を挙げた人もいたが、混雑のせいか票数は伸びず。

文化的なスポットとして高い支持を得たのは、長谷の**鎌倉文学館**だ。文学館まで向かう道の風情もよいという。鶴岡八幡宮内にある**神奈川県立近代美術館鎌倉館**や、画室が見学できる鏑**木清方記念美術館**、

鎌倉中央図書館などの人気も高い。近代美術館は、鎌倉別館、葉山館の名前まで挙がっていた。

神社仏閣は本当に多くが支持され、きりがない感じではある。紹介したところを除き、得票が多かったのは、**円覚寺**、**浄智寺**、**杉本寺**、**報国寺**、**瑞泉寺**、材木座の**長勝寺**と**五所神社**、大町の**八雲神社**。第二章で紹介済みの鶴岡八幡宮、本覚寺も二けたの得票だ。

公園では、四季を通じて谷戸の自然が楽しめる**鎌倉中央公園**が大変な人気、由比ガ浜の**鎌倉海浜公園**、今泉台の**散在ガ池森林公園**、逗子の**披露山公園**が続く。公園のような場所ということで**長谷貯水池**と、**元野村総合研究所**の名前も。いずれも豊かな自然とふれあえる、気持ちの良い場所だ。

公園以外の自然を愛でるスポットとして、材木座海岸へ注ぐ**豆腐川河口の橋の上からの眺め**、**鎌倉山から西鎌倉方向へ車で走った時に見た夕陽が綺麗な瞬間**などというのもあった。鎌倉ではないが**葉山の上山口の棚田やみかん畑**も挙げられた。昔は田畑が広がっていたそうだが、今はほとんどなくなってしまったようだ。残念。

散策やハイキングコースでは、**鎌倉七口**（七カ所にある切通しと呼ばれる鎌倉への出入り口）めぐり。「すべてを踏破するのを目標に、鎌倉ライフを満喫しています」とのコメントもあった。北鎌倉円覚寺の上にあたる**六国見山**へ登る、**田楽辻子のみちを報国寺へ歩く道**などもあった。

穴場として紹介されていたのは、十二所から滑川源流へ向かい、朝比奈切通し、熊野神社と向かうコースや、極楽寺から月影地蔵、鎌倉山へと向かい、若松バス停がゴールのコース。穴場というわけでもないが、ハイキングコースは逗子や葉山にもたくさんある。森戸川林道から二子山頂上へ向かうコース、三浦半島を横断する複数のコース、全体的に鎌倉より上級者向けの山道だ。

得票が多かった場所や店一覧（数字は票数）

海63、材木座海岸51、光明寺48、妙本寺45、由比ヶ浜43、本覚寺42、稲村ヶ崎41、江ノ島39、鶴岡八幡宮39、鎌倉中央公園35

鎌倉市農協連即売所45、オステリア コマチーナ37、ミッシェル ナカジマ36、スターバックス鎌倉御成町店34、カフェ ロンディーノ34、コバカバ32、窯GAMA31、ちくあん31、Manna 30、Beau Temps28、つるや28

章扉の鳥

第一章　めじろ（材木座）
第二章　しじゅうから（浄明寺）
第三章　ごいさぎ（大町）
第四章　あおじ（長谷）
P112　こさぎ（材木座）

カバーデザイン　中村朋子
本文デザイン　藤野輪（オフィス安藤）
取　材　と　文　海田文、野口正信、安藤梓

鎌倉に住む５００人が選ぶ
とっておきの鎌倉１００

印刷　2011年3月5日
発行　2011年3月20日

編　者　鎌倉地元民の会
発行人　梁瀬誠一
発行所　毎日新聞社
100-8051　東京都千代田区一ツ橋 1-1-1
印　刷　東京印書館
製　本　大口製本

＊乱丁・落丁本はお取り替えいたします
出版営業部　03-3212-3257
出版企画室　03-3212-3235
ISBN 978-4-620-32060-1